Verlag und Übersetzerin danken dem Deutschen Literaturfonds und dem Deutschen Übersetzerfonds für die freundliche Unterstützung.

kookbooks_Reihe *Lyrik*_herausgegeben von Daniela Seel_Band 18

Matthea Harvey
Du kennst das auch

Gedichte

Englisch – Deutsch
Aus dem amerikanischen Englisch
von Uljana Wolf

books

I

YOU KNOW THIS TOO

DU KENNST DAS AUCH

IMPLICATIONS FOR MODERN LIFE

The ham flowers have veins and are rimmed in rind, each petal a little meat sunset. I deny all connection with the ham flowers, the barge floating by loaded with lard, the white flagstones like platelets in the blood-red road. I'll put the calves in coats so the ravens can't gore them, bandage up the cut gate and when the wind rustles its muscles, I'll gather the seeds and burn them. But then I see a horse lying on the side of the road and think *You are sleeping, you are sleeping, I will make you be sleeping*. But if I didn't make the ham flowers, how can I make him get up? I made the ham flowers. Get up, dear animal. Here is your pasture flecked with pink, your oily river, your bleeding barn. Decide what to look at and how. If you lower your lashes, the blood looks like mud. If you stay, I will find you fresh hay.

HINWEISE FÜR MODERN LIFE

Die Wurstblumen haben Adern und Ränder aus Speck, jedes Blütenblatt ein Abendsonnenfleck, fleischig und klein. Ich streite jede Verbindung ab mit den Wurstblumen, dem Schmalzkahn, der vorüberzieht, den weißen Pflastersteinen – Plättchen im blutroten Weg. Ich will die Kälber in Mäntel stecken, dass die Raben sie nicht fressen, Bandagen legen ans aufgeschnittene Tor. Und wenn der Wind mit seinen Gelenken schlenkert, sammle ich die Wurstblumensamen ein und verbrenne sie. Doch dann seh ich ein Pferd am Wegrand liegen und denke *Du schläfst, du schläfst, ich schaff es, dass du schläfst.* Aber wenn ich die Wurstblumen nicht schuf, wie kann ich schaffen, dass es aufsteht? Klar schuf ich die Wurstblumen. Steh auf, liebes Tier. Hier ist deine Weide, rosa gefleckt, dein fettiger Fluss und dein blutender Stall. Entscheide, was du ansiehst und wie. Senk deine Wimpern, das Blut wird zu Schlamm. Bleib hier und mein Heu gehört dir.

HOW WE LEARNED TO HOLD HANDS

We halved them because we could. It turned out anything with four legs could wobble along on two, anything with two could hop along on one. Leopards. Horses. Kangaroos. Front, back, it didn't matter. Mostly it was teenagers with their parents' Christmas knives who did the cutting. No one knew where the Keepers came from, but they favored covered wagons with billowing sheets tucked in at the edges, puckering like a healing wound. They tied scarves tightly around their chins—men and women—as if to hold the hemispheres of their own heads together. At first they hid the hybrids from us. Their first, clumsiest attempts were the most marvelous—front ostrich, back deer, wind ruffling through first feathers then fur. And the catgoat, all front, who patrolled the shop windows ... When the sun hit at a certain angle, the battle would begin—cat wanting to see its cat reflection, goat wanting to see goat.

WIE WIR HÄNDE HALTEN LERNTEN

Wir halbierten sie, weil es möglich war. Wir entdeckten, alles auf vier konnte auch mit zwei Beinen schlingern, alles auf zwei springen mit einem. Leoparden. Pferde. Kängurus. Vorderteil, Hinterteil, egal. Das Schneiden übernahmen meist Teenager mit den Weihnachtsmessern ihrer Eltern. Niemand wusste, wo die Beschützer herkamen, aber sie bevorzugten Planwagen mit bauschenden Laken, die an den Ecken festgesteckt waren und Falten warfen wie heilende Wunden. Sie knüpften Tücher straff ums Kinn – Männer und Frauen –, als wollten sie die Hälften ihrer eigenen Hirne beieinanderhalten. Anfangs versteckten sie die Hybriden vor uns. Ihre ersten, ungeschickten Versuche waren die besten – vorne Strauß, hinten Hirsch, Wind strich erst durch Federn, dann Fell. Und die Katzenziege, zweimal Vorderteil, die vor den Schaufenstern Streife lief … Wenn die Sonne in einem bestimmten Winkel einfiel, begann der Kampf – Katze wollte Katze sehen, Ziege Ziege.

THE GOLDEN AGE OF FIGUREHEADS

First we sloughed off the sailors—when a storm hit we'd lean into it and watch as they slipped into the water. One by one we washed our decks clean, pried their rough fingers from our rudders. Now we can finally go where we want—swooping around archipelagos in packs, zigzagging along the paths the sun and moon make, skimming the Pacific solo. Sometimes we'll peer into the water to catch a glimpse of our old enemies, the anchors, glinting at the bottom of the ocean, the thick ropes that once tethered us to them twisting and turning in the currents like snakes charmed out of their baskets by the song of the sea. We don't mind that our masts are crusted with salt, our rigging grows ragged, our bright paint—reds and golds and greens—has faded so that we're like pencil sketches of what we once were. We don't even mind the barnacles that muffle our mouths: after all, we have no common language. The ship with a bird's head wants to squawk with the gulls that forage from its sails, would follow them into the water when they dive for fish if only it could. Her ladyship, who trails sheets of seaweed like floaty green skirts, is lovesick for the sailor who used to stain her lips with wine before each voyage. But there is always the rain. When it falls hard enough we can't tell which way is up, which way is down. Then we're like the earth before the equator was invented, like the giant tenor who unbuckles his belt and lets out his one truest note.

DAS GOLDENE ZEITALTER DER GALIONSFIGUREN

Erst streiften wir die Seemänner ab – wir lehnten uns in jeden Sturm und sahen zu, wie sie ins Wasser rutschten. Ein Deck nach dem anderen wuschen wir rein, lösten ihre rauen Hände von unseren Rudern. Jetzt können wir endlich den Kurs bestimmen – im Rudel um die Inselgruppen, im Zickzack auf den Spuren von Sonne und Mond oder solo auf dem Pazifik. Manchmal blinzeln wir ins Wasser und erhaschen einen Blick auf unsere früheren Feinde – die glänzenden Anker auf dem Meeresboden. Ihre dicken Seile, die uns einst banden, schlingen und winden sich in der Strömung wie Schlangen, die das Lied des Meeres aus ihren Körben lockt. Es stört uns nicht, dass unsere Masten salzverkrustet sind, die Takelage absackt, die leuchtenden Farben verblassen, rote, goldene, grüne Töne, und wir nur noch wie Bleistiftzeichnungen aussehen. Es stören uns nicht einmal die Muscheln auf unseren Mündern – wir haben sowieso keine gemeinsame Sprache. Das Vogelkopfschiff will mit den Möwen kreischen, die von seinen Segeln aus nach Beute spähen; es würde ihnen zur Fischjagd ins Wasser folgen, wenn es nur könnte. Ihre Exzellenz die Bootschafterin mit langen grünen Algenröcken sehnt sich nach dem Seemann, der ihre Lippen vor jeder Fahrt mit Wein benetzte. Aber es gibt ja noch den Regen. Wenn er dicht genug fällt, wissen wir nicht, wo oben ist, wo unten. Dann sind wir wie die Erde, bevor der Äquator erfunden wurde, ein gigantischer Tenor, der ohne seinen Gürtel am besten singt.

GRAND NARRATIVE WITH CHANDELIER

People woke to find watches
in their hair. It meant

we were missing something.
It meant the pot of face-cream

could turn ominous on us.
No one cheered when the two

square twins were born,
though we'd all been waiting.

The gasoline rings in the puddles
were beautiful but unreadable.

We craved butter, were critical
of any play that lacked a love seat.

The lipstick gig was rescinded
when the winner's close-ups

revealed tiny robots helping
her ballgown float behind her

& when just the stems
of champagne glasses appeared

on the assembly line suddenly
we could see the end.

GROSSER MONOLOG MIT KRONLEUCHTER

Die Leute wachten auf mit
Uhren im Haar. Das hieß,

uns entging hier was. Das hieß,
die Dose mit der Gesichtscreme

konnte uns gefährlich werden.
Niemand jubelte, als die zwei

eckigen Zwillinge geboren wurden,
obwohl alle drauf gewartet hatten.

Die Benzinringe in den Pfützen
waren wunderschön, aber unlesbar.

Wir begehrten Butter, beschwerten uns
über jedes Theaterstück ohne Zweiersofa.

Der Lippenstift-Spot wurde gestrichen,
als Nahaufnahmen der Gewinnerin

winzige Roboter sichtbar machten, die
ihre Schleppe in der Schwebe hielten;

& als von den Champagnergläsern
nur noch die Stiele erschienen

auf dem Fließband, konnten wir
plötzlich das Ende sehen.

IF SCISSORS AREN'T THE ANSWER, WHAT'S A DOLL TO DO?

The dotted lines go everywhere. Up the ceiling and around the chandelier. Down the basement steps and straight into the lint tray. In some places the lines are black, like the ones that reframe each framed ancestral photograph on my Wall of Ancestral Photographs. In others they are silvery; hard to see in bright light. I avoid those rooms. I shuffle around in my paper slippers, tiptoe over the envelopes fanning out from the mailslot. I sit in the second-floor window and watch leashes strain between dogs and people; I keep the volume on the stereo low. Sometimes late at night a car—wild, impervious—guns by, swerving in and out of its lane. The next morning, the pansies are re-dotted with dew.

WENN SCHEREN KEINE ANTWORT SIND, WAS SOLL EIN PÜPPCHEN TUN?

Die gepunkteten Linien führen überall hin. Die Wände hoch und rund um den Leuchter, runter in den Keller, rein ins Flusensieb. An manchen Stellen sind die Linien schwarz wie jene Rahmen in den eingerahmten Ahnenfotos meiner Ahnenfotowand. Woanders silbern, kaum sichtbar im hellen Licht. Ich meide diese Räume. In meinen Papierpantoffeln schlurfe ich herum oder raschle auf Zehenspitzen über die Umschläge, die sich aus dem Briefschlitz fächern. Ich sitze am Fenster im zweiten Stock und sehe, wie sich Leinen spannen zwischen Hund und Mensch; ich drehe auch die Musik nicht auf. Manchmal schießt nachts – wild, unergründlich – ein Auto vorbei, schlingert rein und raus aus seiner Spur. Am nächsten Morgen sind die Stiefmütterchen frisch gepunktet mit Tau.

SETTING THE TABLE

To cut through night you'll need your sharpest scissors. Cut around the birch, the bump of the bird nest on its lowest limb. Then with your nail scissors, trim around the baby beaks waiting for worms to fall from the sky. Snip around the lip of the mailbox and the pervert's shoe peeking out from behind the Chevy. Before dawn, rip the silhouette from the sky and drag it inside. Frame the long black stripe and hang it in the dining room. Sleep. When you wake, redo the scene as day in doily. Now you have a lacy fence, a huge cherry blossom of a holly bush, a birch sugared with snow. Frame the white version and hang it opposite the black. Get your dinner and eat it between the two scenes. Your food will taste just right.

TISCH DECKEN

Für einen Schnitt durch die Nacht brauchst du deine schärfste Schere. Schneide um die Birke, die Beule des Vogelnests auf einem bodennahen Ast. Mit deiner Nagelschere stutze dann die Babyschnäbel, die auf Würmer aus dem Himmel warten. Schnippel um die Lippe des Briefkastens, die Schuhspitze des Perversen, die sich hinterm Chevy zeigt. Reiß die Silhouette vor Sonnenaufgang vom Himmel und bring sie rein. Rahme den langen, schwarzen Streifen und hänge ihn ins Wohnzimmer. Schlafe. Wiederhole, wenn du aufwachst, die Szene im Licht als Spitzenschicht. Hier hast du deinen Häkelzaun, die Kirschblüte des Hagebuttenstrauchs, eine schneebestäubte Birke. Rahme die weiße Version und hänge sie der schwarzen gegenüber. Nimm dein Abendessen und setz dich zwischen beide Bilder. Jetzt schmeckt es genau richtig.

EQUATION WITH FLOWERS

The meringues were already
cloud-palaces, we didn't need

the greasy telescope to mother-
of-pearl the sky. When the sun sets,

the truck sometimes strays from
its appointed route with only

willows watching & perhaps
a horse. Clip-clop—where's the narrative?

Somewhere a frugivore is sitting on
its perch with juice matting its chin.

I can't write haughty essays or join
Scotland Yard in its never-ending

search for some one-syllable gem
while there are still apples in the world.

Do you remember that itch.
Even a fraction of it.

GLEICHUNG MIT BLUMEN

Die Baisers waren schon
Wolkenpalais, wir brauchten

kein fettiges Teleskop zur Perl-
muttierung des Himmels. Sinkt die

Sonne, weicht der Truck zuweilen
von seiner geplanten Route ab & nur

eine Weide schaut zu & vielleicht
ein Pferd. Trab-trab – wo ist die Geschichte?

Irgendwo sitzt ein Fruchtfresser auf
seiner Veranda mit saftigem Kinn.

Ich kann keine eitlen Essays schreiben
oder Scotland Yard beistehen auf der

endlosen Jagd nach einsilbigen Schätzen,
solange es Äpfel gibt auf der Welt.

Weißt du noch, dieses Lechzen.
Davon ein kleiner Fetzen.

IF YOU LIKE SUGAR I'LL LIKE SUGAR TOO

I'm making a little machine.
Not everywhere do cows move

slowly among the trees like ideas.
Not everyone gets a dollop

of cream & some ground glass
to look through. It's a spectacle

all right. Help me attach the prism
to the jump rope. I sold the chapel

because it contained no nouns—
it wasn't even that I didn't

know the language. O you
& your faux-beurre sandwiches—

that otherworldly swallowing.
Please don't put your head

in the hay. Meet me at the beach
& we'll watch conditional holding hands

with conditional making an iffy
path through the sand.

MAGST DU ZUCKER, MAG ICH ZUCKER AUCH

Ich bastle eine kleine Maschine.
Nicht überall traben Kühe

träge unter Bäumen wie Gedanken.
Nicht alle kriegen einen Schlag

Sahne & ein Mattglas zum
Durchsehen. Klar ist das

ein Schauspiel. Hilf mir, das Prisma mit
dem Springseil zu verknoten. Die Kapelle

hab ich verkauft: Es waren keine
Nomen drin (nicht etwa, weil ich

die Sprache nicht kannte). Oh du
& deine *faux beurre* Schnitten –

dieses fremdweltliche Schlingen.
Steck bitte deinen Kopf nicht

ins Heu. Triff mich am Strand
& lass uns anschauen:

Konditionalis, Hand in Hand
mit Konditionalis, scharrend im Sand.

ODE TO THE DOUBLE-NATURED SIDES OF THINGS

God and the angels arrive in Eden to find only a scattering of stems on the ground. Noticing how the angels' wings fall from left to right as they bend over the stems, God invents a more flexible forgiveness. Things change just slightly. The usual botany class—two rows of long tables, students on either side with wildflowers in vases between them—keeps its format, but now, if a boy puts down his reference book and stares instead at a dot of green on the cheek of the girl across from him, his essay "How a Leaf So Tiny Got on Her Cheek" is relevant, may even warrant an "A." Above the sky may be dark. Below the corn may be dry. Some days recess has to be on the west side of school because it's raining on the east side.

ODE AN DIE DOPPELGESICHTIGEN SEITEN DER DINGE

Gott und die Engel kommen nach Eden und finden auf dem Boden nur zerstreute Stängel vor. Als Gott sieht, wie die Flügel der Engel von links nach rechts fallen, wenn sie sich über die Stängel beugen, erfindet er eine flexiblere Form von Vergebung. Die Dinge sind jetzt nur minimal anders. Die Ordnung des normalen Botanikunterrichts bleibt gleich – lange Tische in zwei Reihen, auf jeder Seite Schüler mit Wildblumen in Vasen vor der Nase –, nur wird jetzt, wenn ein Junge sein Nachschlagewerk senkt und stattdessen den kleinen grünen Punkt auf der Wange des Mädchens gegenüber anstarrt, sein Aufsatz »Wie ein so winziges Blatt auf ihre Wange kam« relevant, verlangt vielleicht sogar nach einer Eins. Der Himmel oben mag dunkel sein, der Mais unten trotzdem trocken. An manchen Tagen ist die Pause im Westen der Schule, weil's im Osten regnet.

TO ZANZIBAR BY MOTORCAR

In Regensberg, the cloud
left the mountain. In vain

I crumpled my crinolines,
scuffed the sand outside the temple.

My eyes took in only eye-shaped
things—mouseface flickering

in the mousehole, pansies
twitching with palsy. Where

the squint and the kiss are common,
there are no rebels lurking

between the 15th and 16th parallel.
Children are symmetrical

& zebras fingerprint the plains.
Ask me if I'm pretending

& I will freeze to delineate
my non-nod from my nod.

TO ZANZIBAR BY MOTORCAR

Um Regensburg quittierte
die Wolke den Berg. Umsonst

knitterte ich meine Krinoline,
scharrte vorm Tempel im Staub.

Meine Augen nahmen nur Augen-
artiges wahr: Mausgesicht blitzend

im Mäuseloch, Stiefmütterchen
kurz vorm Schniefen. Wo

Blinzeln & Kuss heimisch sind,
treiben sich keine Rebellen herum

zwischen 15ter und 16ter Straße.
Kinder sind symmetrisch

& Zebras die Fingerabdrücke der Ebene.
Frag mich, ob ich nur so tu

& ich werd die Grenze zwischen Nicht-
nicken und Nicken durch Stillehalten gestalten.

YOU KNOW THIS TOO

The bird on the gate and the goat nosing the grass below make a funny little fraction, thinks the centaur. He wonders if this thought is more human than horse, more poetry than prose. Sometimes it's hard not to abandon the whole rigmarole of standing at the counter—using a knife and fork to politely eat his steak and peas—to go outside and put his head in the grass. But what his stomach wants, his tongue won't touch; what his mouth wants, his stomach recoils from. Through the restaurant window he sees flashes of silver and pink in the river. It's so clogged with mermaids and mermen, there's no room for fish. And under the bridge, a group of extremist griffins, intent on their graffiti—*Long Live the Berlin*... The spray paint runs out and while they're shaking the next can in their clenched claws, the centaur spells out *Wall* on his napkin, and sketches next to it a girl in sequins getting sawed in half.

DU KENNST DAS AUCH

Der Vogel auf dem Gatter und die grasende Ziege darunter sind eine hübsche kleine Bruchzahl, denkt der Zentaur. Er fragt sich, ist dieser Gedanke mehr Mensch oder Vieh, mehr Prosa oder Poesie. Manchmal fällt es schwer, das ganze Theater – an der Theke stehen, Steak und Erbsen artig mit Messer und Gabel essen – nicht einfach aufzugeben und hinauszugehen, Kopf ins Gras. Doch was sein Magen will, rührt die Zunge nicht an; was sein Mund will, stößt den Magen ab. Durchs Restaurantfenster sieht er Schimmer von Silber und Rosa im Fluss. Dort schwimmen so viele Meerjungfrauen und -männer, dass kein Platz für Fische ist. Unter der Brücke, eine Gruppe extremistischer Greifen, konzentriert auf ihr Graffiti – *Lang lebe die Berliner*... Die Farbe ist alle, und während sie die nächste Dose in ihren verkrampften Krallen schütteln, buchstabiert der Zentaur *Mauer* auf seine Serviette, setzt daneben ein Paillettenmädchen, das man in zwei Hälften sägt.

II

THE FUTURE OF TERROR

THE FUTURE OF TERROR

THE FUTURE OF TERROR / 1

The generalissimo's glands directed him
to and fro. *Geronimo!* said the über-goon
we called God, and we were off to the races.
Never mind that we could only grow
grey things, that inspecting the horses' gums
in the gymnasium predicted a jagged
road ahead. We were tired of hard news—
it helped to turn down our hearing aids.
We could already all do impeccable imitations
of the idiot, his insistent incisors working on
a steak as he said *there's an intimacy to invasion.*
That much was true. When we got jaded
about joyrides, we could always play games
in the kitchen garden with the prisoners.
Jump the Gun, Fine Kettle of Fish and Kick
the Kidney were our favorites. The laws
the linguists thought up were particularly
lissome, full of magical loopholes that
spit out medals. We had made the big time,
but night still nipped at our heels.
The navigator's needle swung strangely,
oscillating between the oilwells
and *ask again later.* We tried to pull ourselves
together by practicing quarterback sneaks
along the pylons, but the race to the ravine
was starting to feel as real as the R.I.P.'s
and roses carved into rock. Suddenly the sight
of a schoolbag could send us scrambling.

THE FUTURE OF TERROR / 1

Der Generalissimus folgte nur seinem
Geruchssinn. *Geronimo!* rief der Überganove,
den wir Gott nannten; wir waren gut auf Trab.
Dass hier nur Graues gedieh und der Blick in
die Gusche des Gauls beim Gesundheitscheck
eine kluftige Zukunft verhieß – Schwamm drüber.
Wir hatten die hässlichen Nachrichten satt.
Es half, wenn wir die Hörgeräte runterdrehten.
Wir alle konnten bereits ideale Imitationen
des Idioten liefern, wie seine Zähne auf einem Steak
insistierten, als er sagte *Invasion hat was Intimes.*
So viel stimmte ja. Wenn wir die Jause
jäh überhatten, konnten wir im Kräutergarten
immer noch mit den Gefangenen spielen.
Ein Kessel Buntes, Blinde Kuh und Kopf-
schlagen waren unsere Hits. Die Leitlinien
der Linguisten waren ziemlich elastisch,
voller magischer Lücken, die Medaillen
ausspuckten. Wir hatten es wirklich geschafft,
aber die Nacht nagte noch an unseren Fersen.
Die Nadel des Navigators pendelte
irgendwie ominös zwischen Ölquelle
und *Versuch's später wieder.* Um uns noch mal
aufzurappeln, probten wir Quarterback-Sprints
entlang der Pylonen, doch das Rennen zur Schlucht
wurde bald so ernst wie Rosen und Ruhe
in Frieden, geritzt in Stein. Schon der Anblick
einer Schultasche konnte uns jetzt aufscheuchen.

THE FUTURE OF TERROR / 2

The gift certificates advertised
goggle-eyed paratroopers attempting a fall
from grace, but the heart-lung machines
strapped to their packs kept them loving
and breathing long beyond when they were supposed
to live. Happy-go-lucky is just a decision to proceed
with an assumption of happiness and luck.
The Observation Station gained a toehold,
appeared on houseflags, had us hooked.
Don't get the impression we weren't
all dialing information every hour: we were,
if only intracranially. In an inversion of
the usual itinerary, we felt a jolt of bullets
before we even entered the jungle. Juxtapose that
with the killing frost which knotted the vines
and made the whitefish shiver underwater
and one can account for our general sense of
get it out, leave it alone, leave it.
We would have written that on our license plates
if not for the bureaucratic line of scrimmage
we knew in our livers we'd never cross.
A mailing machine can't sort for meaning or memory
but it gets the merchandise to your door. It gets you
your mitten money. It's only natural to neglect
the near-point, the one thing you can actually see.
Our poets were Pied Pipers handing out
photocopies—parroting, parenthesizing.
With the right pomade you can smooth over
anything. In the precinct they were making predictions
based on prehistory, listening to old recordings
of preacher-birds. The Reform Bill wanted
us on risers with rosettes pinned to our breasts
while we sang the same song again.

THE FUTURE OF TERROR / 2

Der Geschenkgutschein versprach glubschäugige
Fallschirmspringer beim versuchten Gnaden-
sturz, aber die Herz-Lungen-Maschinen
an ihren Gurten ließen sie atmen und lieben
weit über ihre vorbestimmte Zeit hinaus.
Leichtlebig war nur der Versuch, mit einer
Ahnung von leicht oder Leben weiterzumachen.
Die Kontrollstation baute ihre Herrschaft aus,
erschien auf Hausflaggen, hatte uns am Haken.
Kommt nicht auf die Idee, dass wir nicht alle
stündlich Informationen abriefen: Wir riefen,
wenn auch nur interkranial. Dank Inversion
des allgemeinen Ist-Zustands fühlten wir Kugeln
jucken, bevor die Jagd überhaupt begann. Dazu
eine tödliche Kälte, die Knoten in Lianen flocht
und unter Wasser alle Rochen zittern ließ, und
man kann sagen, unsere Laune war generell
Lass los, lass bleiben, lass stecken.
Wir hätten das als Losung ins Heckfenster geklebt,
wär da nicht die Gedrängelinie der Bürokraten,
die wir bei der Leber nicht übertreten wollten.
Die Post trennt Mahnung nicht von Meinung,
aber sie bringt dir dein Monatsblatt. Sie bringt dir
dein Mützengeld. Es ist nur natürlich, das Naheliegende
zu ignorieren, obwohl es das Einzige ist, was man sieht.
Unsere Poeten verteilten als pfeifende Rattenfänger
Photokopien, plapperten alles nach, parenthetisch.
Mit der richtigen Pomade kann man alles glätten.
In den Parks stellten Leute mit prähistorischen Daten
Prognosen auf, hörten alte Platten mit dem Gesang
von Pfaffenvögeln. Das Reformpaket sah uns
auf Podesten, mit angepinnten Rosen am Revers,
wir sangen dasselbe Lied noch einmal.

THE FUTURE OF TERROR / 3

We wore gasmasks to cross the gap.
Goodnight, said the gravediggers, goodnight.
We looked heavenward but kept our hands
down when they asked for volunteers
so they simply helped themselves.
Our protestations sounded like herons
on the hi fi. Even armed with invoices,
it's human nature to proceed inch-meal.
We were a sad jumble of journeymen and here's
the kicker: a few of us had never been in love.
Sure, we shared our laminated letters with them,
made models out of lard, but there's no way to leap-frog
that sort of thing. The lieutenant thought the unloved
made better lookouts, though mostly they read
magazines stashed in their mackintoshes
and came back with useless reports on
the micromotions of magpies. When I looked
at the nametape inside my uniform, I missed
my mother. I knew where I was headed:
a spot in the necropolis with plastic nasturtiums.
Periodically, we started projects: one man
made dents in the shape of stars on the inside
of his P. O. Box with a Phillips head screwdriver.
We all carried plump pods filled with poison
that quivered as we made our daily rounds
of the ruins. Giving sadness the run-around
was even harder after our sergeant succumbed
to Salt Lake Syndrome. At night in our
smokeproof sleeping cars, we dreamed of
sharp sticks that would make wounds
a simple surgeon's knot couldn't fix
and other ways to pry the lid off the terrarium.

THE FUTURE OF TERROR / 3

Wir trugen Gasmasken, um den Graben zu überqueren.
Gute Nacht, sagten die Totengräber, gute Nacht.
Wir schauten zum Himmel, ließen aber unsere
Hände unten, als sie nach Freiwilligen fragten,
so holten sie sich eben, was sie brauchten.
Unsere Proteste klangen wie Habichte
auf Heroin. Der menschliche Instinkt dringt,
sogar mit Impfpass, auf schrittweises Vorgehen.
Wir waren ein Jammerhaufen, keine Jetsetter,
und krass war: Manche hatten sich noch nie verliebt.
Klar, wir teilten unsere laminierten Briefe mit ihnen,
bauten Modelle aus Lehm, aber man kann diese Dinge
nicht lancieren. Der Leutnant meinte, die Ungeliebten
seien die besseren Lagerwachen, meist aber lasen sie
nur Magazine, die sie in ihren Mänteln horteten,
und kamen zurück mit nutzlosen Berichten über
die Mikrowelten der Meisen. Wenn ich das
Namensschild in meiner Uniform las, vermisste ich
meine Mutter. Ich wusste, was mir bevorstand:
eine Nische in der Nekropole mit Plastiknelken.
Von Zeit zu Zeit fingen wir Projekte an: Ein Typ
ritzte mit dem Kreuzschlitzdreher sternförmige
Muster in die Innenseite seines Postfachs.
Alle trugen Phiolen voll Quecksilber bei sich –
es zitterte auf unseren täglichen Runden
durch die Ruinen. Der Trübsal den Laufpass
zu geben wurde noch schwerer, als unser Sergeant
mit Salt-Lake-Syndrom niedersank. Nachts
in schusssicheren Schlafwagen träumten wir,
dass spitze Stäbe Wunden schlugen, die kein
Chirurgenknoten schließen konnte, sowie von
anderen Arten, den Deckel vom Terrarium zu hebeln.

THE FUTURE OF TERROR / 4

We got most of our gear from
an abandoned general store—gnat spray
for our sojourns under the gumtrees,
seed for the garden warblers in case
they ever sang again. Out of glass blocks
we built a glorious latrine which we meant
to show the governor when he arrived
with his hand on his heart, but for some reason
we hesitated. Was it the rust on the hinge
of his briefcase? His car horn's half-hearted honk?
We just didn't hit it off this time. Maybe
we were tired of the same old hyphenated
hush-hush. Having no idol made us ill-tempered.
We stole the pilots' inclinometers
so they didn't know if they were going up or down
unless they were naturally level-headed.
We locked Frank in the isolation booth.
By the time the jubilee came around
we were all on probation, so we made a mini-parade
out of jumping beans and ants on a plaid rug
in the barracks though that ended
in a knock-down-drag-out fight too.
The listening post was right under a linden tree
so all we ever heard was leaves falling but
it wasn't manly to write about that in your report.
When the migratory birds arrived, there was mold
on their beaks and a musty smell coming from
their under-feathers. We mounted the public address
system behind the proscenium where they used to have
puppet shows, then walked round-shouldered
through the rubble. A sandpiper squawked
out a storm warning and got sucked up

THE FUTURE OF TERROR / 4

Den Großteil unserer Gerätschaften fanden wir
in einem alten Gemischtwarenladen – Kühlgel
für die Pausen unterm Gummibaum,
Körner für die Gartengrasmücken, falls
sie je wieder zu singen anfingen. Aus Glasblöcken
bauten wir eine glamouröse Latrine, die wir
dem Gouverneur zeigen wollten, als er kam,
ganz Hand auf Herz, doch aus irgendeinem Grund
zögerten wir. War es das Schlenkern seiner
Handgelenktasche? Der halblaute Ruf seiner Hupe?
Wir kriegten es diesmal einfach nicht hin. Vielleicht
hatten wir die ewige Heimlichtuerei satt.
Unsere Idollosigkeit irritierte uns.
Wir klauten die Inklinometer der Piloten,
die jetzt nicht mehr wussten, ob sie schief lagen,
falls sie nicht seit ihrer Geburt ausgeglichen waren.
Frank sperrten wir in die Isolationskabine.
Als das Jubiläum näher rückte, waren wir alle
auf Bewährung, also bauten wir eine Miniparade
aus Springbohnen und Junikäfern auf dem
karierten Teppich in der Baracke. Allerdings
endete auch das mit Eins-Zwei-Keilerei.
Der Horchposten lag direkt unter einer Linde
und so hörten wir nur Laub rascheln, aber
es war nicht männlich, das im Bericht zu erwähnen.
Als die Zugvögel bei uns landeten, wuchs Moos
um ihre Schnäbel und Modergeruch strömte
aus ihren Unterfedern. Wir montierten die Megafone
hinters Proszenium, wo früher das Puppentheater war,
und liefen dann rundschultrig durch die Ruinen.
Ein Sumpfhuhn schrie eine Sturmwarnung
und wurde prompt von den Wolken verschluckt.

into the clouds. We were sweaty and ready to surrender. What was there left to say? We turned on the teleprompter.

Wir waren schweißüberströmt, bereit
zur Kapitulation. Was gab es noch zu sagen?
Wir schalteten den Teleprompter ein.

THE FUTURE OF TERROR / 5

If there were gamebirds in our gables,
shouldn't we shoot them ourselves?
Thus we went glass-faced into glory.
We had our hearts set on staying here,
so our steps seemed more hesitation
waltz than straight-ahead tango.
We danced the hokey pokey on holy days—
put your left arm in heaven, your right leg in hell
and in the hubbub of shake-it-all-about,
we didn't hear the hoofbeats. The illuminati
spoke to us over the intercom via interpreters.
Meanwhile we had iodine dribbling from
our wounds and itch mites in our blankets.
Ours was not a job to joke about.
In the lantern-light, the lawn speckled
with lead looked lovely. We would live this
down by living it up. My pile of looseleaf
was getting smaller—I wrote in margins,
through marmalade stains, on the backs of maps.
I put a piece of mica in the microwave and before
the explosion it made the mirage I'd imagined.
I was hoping for a noticeable increase in nutmeats
or a one night stand in the oubliette. I outwept
everyone at the pageant, even the children
from the poorhouse playing possum.
We studied the protocol for astronaut removal
the minute we saw his spit hit planet earth
on the spaceship window. But though the scandal
reverberated round-the-clock, we had to let it
slide. He was up there turning somersaults
while we spun ever-so-slowly below.

THE FUTURE OF TERROR / 5

Gäbe es Gänse auf unserem Giebel,
sollten wir sie nicht selber abknallen?
So gingen wir glasgesichtig in die Geschichte.
Unsere Herzen hingen an diesem Hier,
drum glichen unsere Schritte mehr Hasenfuß-
walzer als heroischem Tango.
An heiligen Tagen tanzten wir den Hokey Pokey –
linker Arm zum Himmel, rechtes Bein zur Hölle
und hörten im Rappel des Refrains
den Hufschlag nicht. Die Illuminati
sprachen imperatorisch mit uns, per ISDN.
Iodtinktur tropfte von unseren Wunden,
Insekten besetzten unsere Schlafsäcke.
Bei diesem Job brach echt kein Jubel aus.
Im Laternenlicht lag der Rasen bleidurchsiebt,
irgendwie lieblich da. Wir konnten hier entweder
aufleben oder gleich ableben. Mein Loseblattstapel
schrumpfte schon – ich schrieb manisch,
über Marmeladereste, auf alte Messtabellen.
Ich legte ein Stück Metall in die Mikrowelle
und sah vor dem Knall mein ersehntes Mirakel.
Ich hoffte auf Nachschlag bei den Nüssen oder
einen One-Night-Stand im OP. Ich plärrte
beim Prunkzug lauter als alle, sogar lauter
als die Prekariatskinder, diese Pechvögel.
Wir studierten das Protokoll für den Rauswurf
von Astronauten, als wir sahen, wie seine Spucke
ruckartig Planet Erde traf – auf dem Fenster des Shuttles.
Obwohl der Skandal die Runde machte, waren wir
die Angeschmierten. Er schlug da oben Saltos,
während wir hier unten sagenhaft langsam rotierten.

THE FUTURE OF TERROR / 6

There were girls waiting at the gate
but we were homonyms away from
understanding each other, like halve
and have, like "let me hold you" and "I hold you
responsible." Hospital bed or house arrest
were the idylls we lived for. I promised to name
my firstborn Influenza for a better shot at the flu.
A knot of spectators got killed and unraveled
into the lake. We discussed the particular
lattice patterns we liked to use in our lasagna,
never mind that the party line was
that we were lucky to get linseed cake.
Oh the milk of magnesia *that* required—
mouthful after mouthful from mirrored spoons.
The die landed on a one-spot, which was exactly
how far we were going to get—one step
into the orchard opposite, then chalk outlines
for everyone. The pep rallies were horrible.
The only thing that helped with the palpitations
was to hold a paper nautilus to your ear and listen
to the sighing of its parallel seas. Somewhere
in there were seagulls whose pinfeathers
were starting to unfurl, families taking Polaroids
of the piles of quahogs they'd collected,
a shopkeeper opening his shutters while
his space heater happily hummed with oil.
In there, the spite fence had yet to be invented.

THE FUTURE OF TERROR / 6

Eine Gruppe Mädchen wartete im Gang,
wir waren aber Homonyme weit entfernt davon,
einander zu verstehen. Etwa wie halb und
habe, wie »Ich halte dich« und »Ich halte dich
für schuldig«. Hausarrest oder Heimbett waren Idyllen,
für die wir lebten. Ich versprach, mein erstes Kind
Influenza zu nennen, für bessere Grippechancen.
Ein Knäuel aus Gaffern wurde beschossen und entrollte
sich in den See. Wir diskutierten spezielle Lösungen
für die Muster auf unseren Lasagnen;
dass wir laut Parteilinie Glück hatten,
wenn wir Leinsamenkuchen bekamen – Schwamm drüber.
Oh die Magnesiamilch, die man *dafür* brauchte:
mehrere Mundvoll, mit markierten Löffeln.
Der Würfel zeigte eine Eins, und genau so weit
würden wir kommen – einen Schritt hinein
in den Olivenhain, dann Kreideumrisse
für alle. Die Projektwochen waren furchtbar.
Das Einzige, was gegen Pulsrasen half:
ein Papierboot ans Ohr halten, seine
parallelen Meere seufzen hören. Irgendwo
darin waren Seemöwen, aus deren Papillen
Federn sprangen, Familien, die Polaroids
von den Quallensammlungen ihrer Kinder schossen,
ein Strandcafé mit Ausschank, Standheizung,
schier endlosem Ölvorrat. Stacheldraht
musste darin erst noch erfunden werden.

THE FUTURE OF TERROR / 7

We spun the globe to forget
our grievances. Greenland: gone.
The Gulf, a blurry gouache.
We went on hayrides and watched
the gulls glide overhead, though
our health insurance no longer covered
hayrides, only icewater, aspirin
and iris inspections, which the individualists
outside the gate said infringed on their inalienable
rights. They were just jumpy from
the fake battles—all the actors keeling over
with ketchup dripping from their lips.
The Kiss of Peace, we called it, just to
annoy the know-it-alls. The latest liquor
(a liquid Lucite stronger than any we'd tasted
before) made our losses loom a little less.
And there was the T.V. melodrama (on at eight)
about the matchmaker we all loved—
we cheered when she nodded, signaling
she'd made a match, never mind that her
offbeat choices were often obviously calamitous.
Had I pictured myself as a patriot on payroll,
planting stories so we'd have one positive
poll per quarter? It was no paradise
fielding the quizzical looks, repeating,
I do not recollect, always sticking to script,
but I knew my shelflife. I knew to hum
"The Star-Spangled Banner" when I palmed
that extra soda. I knew how not to look
like I was dreaming of summer.

THE FUTURE OF TERROR / 7

Wir drehten den Globus, um unseren Groll
zu vergessen. Grönland: Geschichte.
Der Golf: eine verwischte Gouache.
Wir machten hitzige Spritztouren, sahen
am Himmel die Graumöwen gleiten, dabei
waren Spritztouren vom Heilplan nicht mehr
abgedeckt, nur Instant-Eiswasser, Aspirin und
Iris-Inspektionen, von denen die Individualisten
draußen behaupteten, sie verletzten ihre innerlichsten
Rechte. Sie waren ja bloß jähzornig wegen der
gefakten Kriege – all die Schauspieler auf Knien,
denen Ketchup aus den Mundwinkeln tropfte.
Wir nannten sie Friedensküsse, nur um
die Klugscheißer zu ärgern. Der neueste Likör
(flüssiges Limacryl, das stärker war als alles
zuvor) ließ uns die Verluste leicht vergessen.
Außerdem gab's das Melodram (um acht)
mit der Kupplerin, die wir alle liebten –
wir johlten, wenn sie nickend ein neues
Paar nominierte, obwohl ihre obskuren
Entscheidungen oft verhängnisvoll waren.
Dachte ich wirklich, ich kriegte als Patriot Provisionen
für gut platzierte Finten, damit wir eine positive
Umfrage pro Quartal erreichten? Es war nicht eben prickelnd,
die ratlosen Blicke zu parieren, zu repetieren:
Ich sage nichts mehr, wie an ein Script geschweißt,
dabei kannte ich mein Schichtende. Ich kannte
das »Star-Spangled Banner«, summte es, als ich
die zweite Sprite stibitzte. Ich konnte so aussehen,
als würde ich nicht vom Sommer träumen.

THE FUTURE OF TERROR / 8

Stories about the boy raised by gazelles
haunted us. As the gravity hinge closed
down the day again, in our gloom
we couldn't help but picture him hoofing
through the hazy air, unaware. Each extra
day was a literal gift of habeas corpus.
We ignored inoculation instructions
and read *Intimations of Immortality*
to the invalids instead. We couldn't curse
the goddammned chiefs of staff
except inwardly, but we could make kites
in case we ever saw the sky again.
We could listen for a knock at the door.
We were on our last legs, 8 in total, four
covered in lesions. I wrote *lotion* on my list
right under *try to live the livelong day*.
If I sniffled, it was because of an excess of mucus,
nothing more. My hands and feet were mauve—
too little motion, too many menthols,
and when I stretched I felt needlefish
like a northerly wind along my spine.
There were murmurs they might open
the door. I was ready to outsprint everyone.
I had a parcel for gazelle boy. He was somewhere
on the peninsula, grazing on a patch of grass
as plump as a pincushion. He'd prick up
his ears, and then quid pro quo, he'd show me
where to find rainwater, which roots to eat.
Nibble, nibble, repeat. We'd roam the rocky coasts,
gallop down slopes with satellites as our stars.
But no surprises please. Please no surprises.
I couldn't stomach it if he ever spoke.

THE FUTURE OF TERROR / 8

Geschichten über den Jungen, der bei Gazellen
aufwuchs, holen uns ein. Wenn am Abend
das große Weltgelenk zuging, konnten wir in unserem
Gram nicht anders, sahen ihn auf Hufen galoppieren
durch die Nacht, ganz unbedacht. Jeder nächste Tag
war ein wörtliches Habeas-Corpus-Geschenk.
Die Impfanweisungen ignorierten wir,
lasen den Invaliden lieber *Inkarnation
und Unsterblichkeit* vor. Wir konnten die verdammten
Stabschefs nicht verfluchen, höchstens innerlich,
aber wir konnten komische Drachen bauen aus Karton
für den Fall, dass wir je den Himmel wiedersähen.
Wir konnten warten auf das Klopfen an der Tür.
Wir waren auf den Beinen, den letzten, insgesamt acht,
vier schon lädiert. Ich schrieb *Lotion* auf meine Liste,
rechts unter *Versuch, den lieben langen Tag zu leben.*
Wenn ich schniefte, war's wegen zu viel Nasenschleim,
nichts sonst. Meine Hände, Füße waren malvenfarben –
zu wenig Mannschaftssport, zu viele Mentholkippen;
wenn ich mich streckte, fühlte ich Nadelfische
über meine Wirbelsäule huschen, wie Nordwind.
Man murmelte, sie würden bald die Tür öffnen.
Ich war bereit. Ich konnte olympisch sprinten,
ich hatte ein Paket für den Gazellenboy. Er war irgendwo
draußen im Parkgelände, graste bei den Pusteblumen,
ihrem quastigen Pomp. Er würde seine Ohren
aufstellen und mir dann quid pro quo verraten,
wie man Regenwasser findet, welche Pilze essbar sind.
Nagen, nagen, geschwind. Wir würden raue Küsten bereisen,
auf steilen Felsen reiten, Satelliten wären unsere Sterne.
Aber bitte keine schlechten Scherze. Ich glaub,
ich überleb es nicht, wenn er jemals spricht.

THE FUTURE OF TERROR / 9

We gathered broken gadgets until our eyes
glazed over. One gizmo said *going going
gone,* then made a silly exploding sound.
I ground it under my boot one night
after too many actual gunshots
zinged through the hacienda's already-
shattered windows. Some haven.
I had a head cold which made it hard
for me to hear the bullets coming—
sometimes I ducked when someone hiccupped.
We'd found two intellectuals hiding in separate
parts of the basement and when we put them
in a room together they instantly started lobbing
outdated ideas back and forth as if this were the time
for badminton. They were informers all right.
Eventually we put them in a kayak and sent them
off down the river without the key word,
which despite their loquaciousness, they'd never
guess. Plus there were magnetic mines
in the river and theirs was a metal boat.
That morning while the minister muttered
about emulating molecules, I could tell
from studying the others' profiles that they too
were wondering what was going on off-screen
in the ocean. Could we really keep on this way,
picking our paths according to pH balances,
proposing quasi-constitutional amendments
about portion-size? The shed in the meadow
had gone to seed. Sometimes I sprawled
there, out of sight of the sentinel.

THE FUTURE OF TERROR / 9

Wir sammelten lädierte Gadgets, bis unsere Augen
glasig wurden. Ein Gerät krähte *Häschen in der
Grube* & machte ein dämliches Knallgeräusch.
Ich granulierte es später unter meinem Stiefel,
nachdem zu viele echte Gewehrschüsse
durch die längst zersplitterten Fenster
der Hazienda gezischt waren. Ein feines Heim.
Ich hatte Husten und Schnupfen und hörte
darum die Kugeln so schlecht – manchmal
duckte ich mich, wenn einer nur hickste.
Wir hatten zwei versteckte Intellektuelle
in verschiedenen Kellerecken gefunden,
als wir sie in eine Zelle sperrten, lobbten
sie plötzlich überholte Infos hin und her, als wär
jetzt Zeit für Badminton. Sie waren natürlich
Informanten. Wir setzten sie schließlich in ein Kajak,
schickten sie den Fluss hinunter ohne Kennwort,
das sicher keiner der zwei, trotz Luzidität, je errät.
Zudem war der Fluss voller magnetischer Minen
und ihr Boot aus Metall. Am Morgen murmelte
der Minister was von emulierenden Molekülen
und die Profile der anderen verrieten mir, dass
auch sie sich fragten, was im Off des Ozeans
vor sich ging. Konnten wir echt so weitermachen,
unsere Pfade auf Basis von PH-Werten planen,
quasi-verfassungsmäßige Zusatzartikel über
Portionsgrößen propagieren? Auf der Wiese war
vom Schuppen nur Schutt geblieben. Manchmal
verschnaufte ich dort, außer Sichtweite der Streife.

THE FUTURE OF TERROR / 10

At the last gathering, we each got a bowl
of gelatin. I watched a grasshopper in the greenhouse
crashing against the glass walls. There were a few civilian
hold-outs in the high rises hoarding their hemlock
way past intermission. By now we were indifferent
to them. Their pale faces at the windows no longer
made us shiver in our thin khaki jackets.
If only we could think of something to joke
about we could literally have had the Last Laugh,
but my stupid mind kept making long-range
plans despite the middle ground between
now and then being riddled with mines.
One of the guys, nickname Milquetoast, started
work on a monument—to what, no one knew.
It was part trash heap, part mosaic... I added
a nebula made from nylons wound around nails
which I imagined would eventually oxidize
into the perfect hazy orange. People came to
observe us, began shouting out suggestions.
To placate one paralyzed soldier who brought us
a pedometer permanently set at zero, we designed
a spine of fake pearls. Other people left us pinking shears,
a pram in pieces, a pumice stone—things that had
once been precious to them. We put everything in.
The army had abandoned its rallies and raffles, even
the games of Raise the Red Flag. Our rifles rusted
on the ground and the sculpture grew. One day
its silicon steeple began to show over the supply shed.
I don't know who took the first shot, but I know
that we all joined in. There was a wild spray of bullets,
along with whatever else we could find to throw.
When it crumbled we stamped on the ruins.
It felt great to tear something down again.

THE FUTURE OF TERROR / 10

Nach dem letzten Gefecht kriegte jeder ein Gramm
Gelatine. Im Gewächshaus sah ich einen Grashüpfer
gegen Glaswände rasen. Ein paar Zivilisten harrten noch
in den Hochhäusern aus, horteten ihre Herbstzeitlosen
lange nach der Intervention. Ihre irrigen Gesichter
an den Fenstern – für uns waren sie längst irrelevant.
Wir zitterten nicht mehr vor ihnen in unseren dünnen
Khaki-Jacken. Wenn wir nur irgendwas Juxwürdiges fänden,
könnten wir in der Tat zuletzt am besten lachen,
mein mickriges Hirn aber machte weiter langfristige
Pläne – obwohl das Mittelfeld zwischen
jetzt und später gespickt war mit Minen.
Einer der Jungs, Spitzname Milchbart, arbeitete
an einem Monument – wofür, das wusste keiner.
Es war halb Müllhaufen, halb Mosaik… Ich spendete
einen um Nägel gewundenen Nebel aus Nylons
und hoffte, das Ganze würde schließlich oxidieren
in ein perfektes, dunstiges Orange. Bald hatten wir
Publikum, Leute riefen uns originelle Vorschläge zu.
Einem paralysierten Soldaten, dessen Pedometer
permanent auf null zeigte, bauten wir gegen die Panik
eine Wirbelsäule aus falschen Perlen. Andere gaben
Papierschlangen, kaputte Puppenwagen, einen Putzschwamm –
Dinge, die einst privat gewesen waren. Wir packten alles rein.
Die Armee hatte Roulettes und Rallyes aufgegeben,
sogar das Rauf-mit-der-roten-Flagge-Spiel. Unsere
Revolver rosteten am Boden; die Skulptur wuchs.
Eines Tages ragte ihr Siliziumturm über den Schuppen.
Ich weiß nicht, wer zuerst schoss, aber ich weiß:
Alle machten mit. Wilder Kugelhagel oder man warf,
was man sonst noch herumliegen sah. Als der Turm
einstürzte, trampelten wir auf den Resten herum.
Es war super, mal wieder was zu demolieren.

THE FUTURE OF TERROR / 11

From the gable window, we shot
at what was left: gargoyles and garden gnomes.
I accidentally shot the generator
which would have been hard to gloss over
in a report except we weren't writing reports
anymore. We ate our gruel and watched
the hail crush the hay we'd hoped to harvest.
I found a handkerchief drying on a hook
and without a hint of irony, pocketed it.
Here was my hypothesis: we were inextricably
fucked. We'd killed all the inventors and all
the jesters just when we most needed humor
and invention. The lake breeze was lugubrious
at best, couldn't lift the leaves. As the day lengthened,
we knew we'd reached the lattermost moment.
The airlift wasn't on its way. Make-believe
was all I had left but I couldn't help but see
there was no "we"—you were a mannequin
and I'd been flying solo. I thought about
how birds can turn around mid-air, how
the nudibranch has no notion it might need
a shell. Swell. I ate the last napoleon—
it said *Onward!* on the packaging.
There was one shot left in my rifle.
I polished my plimsolls.
I wrapped myself in a quilt.
So this is how you live in the present.

THE FUTURE OF TERROR / 11

Aus dem Giebelfenster schossen wir auf alles,
was übrig war: Gargylen und Gartenzwerge.
Ich traf versehentlich den Generator,
was schwierig zu verbergen wäre im Bericht,
bloß schrieben wir keine Berichte mehr.
Wir aßen unsere Grütze und schauten zu,
wie Hagel unser Heu zerstörte, unsere Ernte.
Ich sah ein Handtuch am Nagel hängen
und stahl es ohne einen Hauch von Ironie.
Hier ist meine Hypothese: Wir waren irreversibel
im Arsch. Wir hatten alle Ingenieure gekillt,
alle Komiker, just als wir Ideen und Juxe
am nötigsten hatten. Das Lüftchen vom See
war lächerlich, es lüpfte kein Blatt. Als der Tag
länger wurde, war klar: Wir waren die Allerletzten.
Die Luftbrücke kam nicht zustande. Ich hatte nur
Illusionen übrig und konnte doch nicht übersehen,
dass es kein »wir« gab: Du warst nur eine Puppe,
ich flog mutterseelenallein. Ich dachte daran,
wie Vögel mitten in der Luft umkehren können,
wie Nacktschnecken nicht ahnen, dass sie
kein Haus haben. Toll. Ich aß die letzte Lakritze –
auf der Packung stand *Einsame Spitze*.
Eine einzige Patrone war mir geblieben.
Ich polierte meine Rollschuhe.
Ich hüllte mich in meinen Quilt.
So lebt man also in der Präsenz.

III

INSIDE THE GOOD IDEA

IM INNERN DER GUTEN IDEE

INSIDE THE GOOD IDEA

From the outside it is singular. One wooden horse. Inside ten men sit cross-legged, knees touching. No noun has been invented yet to describe this. They whisper that it would be like sitting in a wine barrel if the curved walls were painted red. The contents are not content. They would like some wine. They quarrel about who gets to sit in the head until finally the smallest man clambers in, promising to send messages back to the belly. He can only look out of one eye at a time. At first there is nothing to report. Black, Dark, The Occasional Star. Then Quiet Footsteps mixed with Questions. The children are clamoring for it to be brought inside the walls. The head sends back another message which gets caught in the throat: *They are bringing their toy horses to pay their respects to us, brushing their tiny manes, oiling the little wheels. It must be a welcome change from playing war.*

IM INNERN DER GUTEN IDEE

Von außen ist es Einzahl. Ein Holzpferd. Drinnen zehn Mann im Schneidersitz, Knie an Knie, dicht. Ein Dingwort dafür wurde noch nicht erfunden. Sie flüstern: Wären die runden Wände rot gestrichen, würde man sich wie in einem Weinfass fühlen. Die Inhalte sind ungehalten. Sie hätten gern was Wein. Sie streiten, weil alle im Kopf sitzen wollen, bis schließlich der kleinste Mann hineinklettert und verspricht, Nachrichten an den Bauch zu schicken. Er kann immer nur aus einem Auge sehen. Zuerst gibt's nichts zu berichten. Schwarz, Dunkel, Mitunter-ein-Stern. Dann Leise-Sohlen-gepaart-mit-Fragen. Die Kinder krakeelen, man soll es in die Stadtmauern zerren. Der Kopf sendet eine Nachricht, die in der Kehle stecken bleibt: *Sie kommen mit Spielzeugpferden, um uns zu ehren. Sie streicheln die kleinen Mähnen, ölen die winzigen Räder. Es muss eine willkommene Abwechslung vom Kriegsspiel sein.*

IDEAS GO ONLY SO FAR

Last year I made up a baby. I made her in the shape of a hatbox or a cake. I could have iced her & no one would have been the wiser. You know how trained elephants will step onto a little round platform, cramming all four fat feet together? That's her too, & the fez on the elephant's head. Applause all around. There was no denying I had made a good baby. I gave her a sweet face, a pair of pretty eyes, & a secret trait at her christening. I set her on my desk, face up, and waited. I watched her like a clock. I didn't coo at her though. She wasn't that kind of baby.

She never got any bigger, but she did learn to roll. Her little flat face went round and round. On her other side, her not-face rolled round and round too. She followed me everywhere. When I swam, she floated in the swimming pool, a platter for the sun. When I read, she was my peacefully blinking footstool. She fit so perfectly into the washing machine that perhaps I washed her more than necessary. But it was wonderful to watch her eyes slitted against the suds, a stray red sock swishing about her face like the tongue of some large animal.

When you make up a good baby, other people will want one too. Who's to say that I'm the only one who deserves a dear little machine-washable ever-so-presentable baby. Not me. So I made a batch. But they weren't exactly like her—they were smaller & without any inborn dread. Sometimes I see one rolling past my window at sunset—quite unlike my baby, who like any good idea, eventually ended up dead.

IDEEN REICHEN NUR SO WEIT

Letztes Jahr erfand ich ein Baby. Ihre Form war von der Sorte Hutschachtel oder Torte. Ich hätte sie puderzuckern können und keiner hätte auch nur gezuckt. Ihr kennt doch das kleine runde Podest, auf dem Zirkuselefanten stehen & ihre vier fetten Füße aneinanderpressen? Das war sie auch & der Fes auf dem Kopf des Elefanten. Rundum Applaus. Es stand außer Frage: Ich hatte ein gutes Baby gemacht. Ich gab ihr ein süßes Gesicht, zwei hübsche Augen & bei der Taufe ein geheimes Talent. Ich setzte sie mit dem Gesicht nach oben auf meinen Schreibtisch & wartete. Ich starrte sie an, als wäre sie eine Uhr. Ich gurrte nicht. Sie war nicht diese Art Baby.

Sie wurde nie größer, aber sie konnte bald rollen. Ihr kleines Flachgesicht rollte rundherum. Auf der anderen Seite rollte ihr Nichtgesicht ebenfalls rundherum. Sie folgte mir überallhin. Wenn ich schwimmen ging, trieb sie im Becken, ein Tablett für die Sonne. Wenn ich las, war sie mein friedlich blinzelnder Schemel. Sie passte so perfekt in die Waschmaschine, dass ich sie vielleicht öfter wusch, als nötig war. Ich sah so gern, wie ihre Augen sich im Schaum zusammenkniffen und eine lose rote Socke über ihren Kopf wischte wie die Zunge eines großen Tiers.

Wenn man sich ein gutes Baby ausdenkt, wollen andere Leute auch eins. Wer sagt denn, dass nur ich ein liebes kleines maschinenwaschbares stets vorzeigbares Baby verdiene? Ich sicherlich nicht. So machte ich eine ganze Ladung. Doch die neuen glichen ihr nicht aufs Haar – sie waren kleiner & ohne angeborene Furcht. Manchmal sehe ich, wie eines in der Dämmerung an meinem Fenster vorbeischießt – ganz anders als mein Baby, das, wie alle guten Ideen, schließlich einfach verschied.

THE EMPTY PET FACTORY

My love works the night shift at the Empty Pet factory. I've only been there once and I still have nightmares about the heartless hamster he had me hold in my hand, the rooms of inside-out Chihuahuas I saw drying on racks. The pet waitlist keeps getting longer. Celebrities love them. To the outside world you can continue to seem like America's sweetheart, simpering, *I do hope the fox gets away* as you dig your heels into a horse filled to the brim with vitriol and follow the flash of red over the hedge. Only the keenest eye could detect that you just screwed your horse's shiny eyes into its head after emptying handfuls of hate into its big glossy body. This morning, over breakfast, he tells me excitedly that they've perfected the Unrequited Love Puppies—their chubbiness will serve as camouflage for the love bulging and straining against their doubly reinforced seams. He's getting toast crumbs all over his uniform. One lands inside the Empty Pet logo on his lapel—an outline of an indeterminate mammal. The cages stacked in the corners are quiet. The parrots think it's night when the covers are on. They're all factory rejects—couldn't learn to keep quiet the things they've been told. At night, when he's gone, sometimes I turn on all the lights and let them squawk the test secrets they've been fed in the laboratory, a glorious cacophony of *I hate your mother, Your best friend made a pass at me* and *I never liked your nose.* I think one day he'll come home and find me in there with them, repeating over and over again, *You don't understand me. You never have.*

FABRIK FÜR LEERE HAUSTIERE

Mein Schatz arbeitet nachts in der Fabrik für leere Haustiere. Ich war nur einmal da und hab noch immer Albträume von dem herzlosen Hamster, den er mir in die Hände legte, den Kammern voll linksgekrempelter Chihuahuas, die auf Regalen zum Trocknen auslagen. Die Warteliste wird immer länger. Stars lieben die Tiere. Nach außen kann man weiter wie Amerikas Sweetheart aussehen und flüstern *Ich hoffe wirklich, dass der Fuchs es schafft,* während man seine Fersen in ein bis zum Rand mit Vitriol gefülltes Pferd rammt und dem roten Flecken über die Hecke nachsetzt. Nur das schärfste Auge könnte erkennen, dass man die schimmernden Augen des Pferdes eben angeschraubt und vorher Hände voll Hass in seinen großen, glänzenden Körper geschaufelt hat. Heute morgen beim Frühstück erzählte er entzückt, dass sie die Unerwiderte-Liebe-Welpen perfektioniert hätten – ihre Plumpheit sei perfekte Tarnung für die von innen gegen doppelt gestärkte Nähte drängende Liebe. Toastkrümel rieseln über seine Uniform, einer landet auf dem Revers, mitten im Logo des leeren Haustiers – der Umriss eines unbestimmten Säugers. Kein Mucks kommt aus der Ecke mit den Käfigstapeln. Die Papageien denken, es ist Nacht, weil die Decke drauflagt. Sie sind alle Ausschuss, lernten es einfach nicht, Dinge, die man ihnen sagte, für sich zu behalten. Wenn mein Schatz nachts fort ist, schalte ich manchmal alle Lampen an und lasse sie die Geheimnisse kreischen, mit denen sie im Labor gefüttert wurden – eine wunderbare Kakofonie aus *Ich hasse deine Mutter, Dein bester Freund wollte mit mir ins Bett* und *Ich mochte deine Nase nie.* Wahrscheinlich wird er mich eines Tages bei ihnen im Käfig finden, wie ich ein ums andere Mal rufe *Du kapierst mich nicht. Du hast mich nie kapiert.*

ESTAMOS EN VIVO, NO HAY ALTERNATIVO

Down here in the land of slammed doors,
the factory puffs its own set of clouds

into the sky. Fake larks fly through
them, lifelike. Let's not go into contractions

of can't and won't or how behind the line of trees,
the forest is gone. Dip that tiny brush into

your paintbox and mix up something nice
and muddy for me. We've got a lock

on the moon so now it goes where we want it—
mostly proms, sometimes lobbies.

This is my favorite sign: "Live girls, live action!"
and in smaller but still flashing lights:

"girl on girl, girl on _____." Among the permutations,
there's no "girl on hands and knees begging for her life."

No one we know wants it that badly.

ESTAMOS EN VIVO, NO HAY ALTERNATIVO

Hier unten im Land der zugeknallten Türen
schnauft die Fabrik ihre eigene Wolkengruppe

in den Himmel. Falsche Lerchen fliegen hindurch,
lebensecht. Reden wir bloß nicht von Kontraktionen,

wie kann's nicht und will's nicht oder dass der Wald
hinter der Baumlinie fehlt. Tunk das Pinselchen

in den Tuschkasten und misch mir was Hübsches,
was Matschiges. Wir haben den Mond voll

unter Kontrolle, jetzt geht er, wohin wir wollen –
meistens Opernbälle, manchmal Lobbys.

Mein Lieblingsschild ist: »Echte Girls, echte Action!«
und kleiner, mit immer noch blinkenden Lichtern:

»Girl mit Girl, Girl mit _____.« Die Variante »Girl mit
gefalteten Händen, um ihr Leben bettelnd« gibt's nicht.

Niemand, den wir kennen, hat es so nötig.

BAKED ALASKA, A THEORY OF

The moat simmers at 210°. From his tower the king watches, pleased, as a swallow tries to land on the water, squawks & flies off. He believes in setting a good example. *O the flesh is hot but the heart is cold, you'll be alone when you are old,* his favorite country song—on repeat—is being piped through the palace. Downstairs in the dining room, the princesses gaze out the window at a flock of pigeons turning pink then black as they fly in & out of the sunset. The princesses put down their spoons & sigh. Baked Alaska for dessert again. The flambé lights up their downcast faces. When dinner is over, they return to their wing of the palace, The Right Ventricle. On a good day, they can play Hearts for a few hours before they hear the king's dactylic footsteps (*dámn the queen, dámn the queen*) coming down the aorta & have to hide the cards. They aren't allowed to adore him, so they don't, just allow his inspections—checking their eyes for stars, their journals for heated confessions. Because he is a literal man, he never finds anything. But that night, when he's gone, the princesses tiptoe down to the palace freezer. Sticking their fingers in sockets is no longer enough. Amongst the frozen slabs of beef, they sit in a circle on blocks of ice & watch the red fade from their lips & fingers, the frost on the floor creep up the heels of their shoes. Finally when the skin is numb, the heat starts retreating into their hearts & they can feel it—love, love, love.

BAKED ALASKA, EINE THEORIE

Der Burggraben brodelt bei 100 °C. Von seinem Turm aus beobachtet der König zufrieden, wie eine Schwalbe das Wasser anfliegt, kreischt & davonschwirrt. Er statuiert hier gern Exempel. *Das Fleisch ist heiß, das Herz ist kalt, bald wirst du einsam sein und alt,* sein liebster Countrysong, schallt – als Endlosschleife – durch den Palast. Im Speisesaal unten sehen die Prinzessinnen vorm Fenster einen Taubenschwarm, der durch die untergehende Sonne fliegt & sich erst rosa färbt, dann schwarz. Die Prinzessinnen senken ihre Löffel & seufzen. Schon wieder Baked Alaska zum Nachtisch. Beim Flambieren leuchten ihre dunklen Mienen. Nach dem Essen gehen sie zurück in ihren Flügel, *die rechte Herzkammer.* An guten Tagen können sie eine Weile *Herzeln* spielen, bevor der König mit daktylischen Schritten (*Scheiß auf die / Königin*) die Aorta herunterkommt & sie rasch ihre Karten verstecken. Es ist verboten, ihn anzubeten, also tun sie's nicht, tolerieren nur seine Kontrollen – in Augen sucht er Sterne, in Tagebüchern heiße Geständnisse. Weil er ein sehr wörtlicher Mann ist, findet er nichts. In dieser Nacht aber laufen die Prinzessinnen nach seiner Visite auf Zehenspitzen runter in die Kältekammer des Palasts. Es reicht ihnen nicht mehr, die Finger in Steckdosen zu bohren. Zwischen gefrorenen Rinderhälften sitzen sie auf Eisblöcken im Kreis und warten, bis das Rot aus ihren Lippen & Fingern bleicht, der Frost vom Boden durch die Sohlen ihrer Schuhe kriecht. Wenn ihre Haut dann taub ist, kriecht die Hitze zurück in ihre Herzen & sie fühlen es zuletzt: die Liebe, die Liebe.

MUSEUM OF THE MIDDLE

You're walking down the middle of the road when you start sinking. Each white stripe gets successively softer, like strips of gum left out in the sun. You pass daffodils, coffins, and fossils until you're at the earth's core. The doorknob burns your hand but inside is the usual cool, museum-ish hush. A tapestry (2" x 48") charting the rise and fall of the middle class is backlit so that the stitched line fluoresces like a heartbeat on a monitor. Most prized is a worm segment in the foyer, a pink accordion mounted on black velvet and framed in gold. They say a worm can live if you cut it in half but not if you extract its exact middle. In the next room and spilling into the one after that is the ever-expanding gallery of middle management—almost all white men. Today there are two special exhibits—to your left, Hermes and Other Intermediaries; to your right, The Middle Distance: Forgotten Focus. In each painting, the foreground and background have been blacked out, leaving fragments of fields, flagstones, the occasional midsized sheep. But why are *you* here? Do your parents love you exactly 5% less than your brother and 5% more than the dog? What museum-worthy mediocrity do the curators see in you?

MUSEUM DER MITTE

Du gehst mitten auf der Straße spazieren, da beginnst du zu sinken. Die weißen Streifen werden langsam weicher, wie Kaugummis, die in der Sonne liegen. Du kommst vorbei an Zwiebeln, Särgen und Scherben, dann hast du den Kern der Erde erreicht. Am Türgriff verbrennst du dir die Hand; drinnen aber herrscht die übliche, museumskühle Stille. Ein Gobelin (5 x 120 cm, Aufstieg und Fall der Mittelklasse) wird von hinten angestrahlt – die gestickte Linie leuchtet wie Herzschlag auf einem Monitor. Das wertvollste Exponat ist ein Wurmsegment im Foyer, rosa Ziehharmonika auf schwarzer Seide, in Gold gerahmt. Es heißt, ein Wurm kann weiterleben, wenn man ihn halbiert, nicht aber, wenn man seine exakte Mitte extrahiert. Im nächsten Raum, und übergreifend auf den Raum dahinter, befindet sich der expandierende Bereich des mittleren Managements – fast ausschließlich weiße Männer. Heute gibt's zwei Sonderausstellungen: links entlang »Hermes und andere Vermittler«; rechts »Mittelgrund: Der verlorene Fokus«. In jedem Gemälde wurden Vordergrund und Hintergrund geschwärzt und nur Fragmente von Feldern belassen, Flursteine, das sporadische, mittelgroße Schaf. Aber warum bist *du* hier? Lieben dich deine Eltern genau 5% weniger als deinen Bruder und 5% mehr als den Hund? Welches bewahrenswerte Mittelmaß sehen die Kuratoren bloß in dir?

SAVE THE ORIGINALS

For the entrance exam we have to match TV static to a daisy field. After years of practice (books & rocks, near & far), it's a breeze. At orientation, those with fluctuating weight or braces are pulled aside. Not ready. We, who will eventually copy, have chosen one hairstyle & smile & stuck to it—we have the class photos to prove it. Still, we're not allowed near the machines for weeks. The equals sign on the blackboard grows four-boxes-of-chalk thick. Pale sandwiches pile up in our lockers. Then one day we're told to take a left at the water fountain instead of a right, and we're in the copy room. I don't fiddle with the dials; I make a copy. I like him immediately. He looks like me but with darker circles under his my-eyes, a more pronounced scar on his my-cheek. When I look up, I see that Sylvia has made herself three copies at 10%, 35% and 75%. A Sylvia crescendo. I feel a hand on my back & then I don't look at anyone else anymore. For the first few nights, we stay up late. We are each other's perfect hug. He's thoughtful & helpful, my shadow with a shuffle—he plumps the sofa cushions, feeds the goldfish. I can tell from the way he studies Splash and Splish that he thinks Splash is the original and Splish is the copy. How sweet, I think. One day, via the hallway mirror, I watch as he transfers Splash into a jam jar, then lets a golden handful of fish flakes fall gently into the bowl holding Splish. I'm at a distance but I know which is which. The next night my red scarf is missing from the front hall & so is he. My phone rings. The soprano has the flu and the understudy is performing. He's at the opera. We all are.

RETTET DIE ORIGINALE

Für die Aufnahmeprüfung müssen wir Fernsehschnee mit Blümchen auf einer Wiese synchronisieren. Nach Jahren der Übung (Bücher & Felsen, nah & fern) ein Kinderspiel. Leute mit Zahnspangen und Gewichtsschwankungen werden in der Orientierungsphase aussortiert. Nicht bereit. Wir, die einst kopieren werden, wählten Haarschnitt & Outfit & blieben dabei – unsere Klassenfotos sind der Beweis. Trotzdem dürfen wir wochenlang nicht in die Nähe der Maschinen. Das Gleichheitszeichen auf der Tafel wächst vier Kreideschachteln breit. Trockene Pausenbrote rotten in unseren Spinden. Eines Tages lässt man uns beim Trinkwasserbecken links gehen statt rechts & plötzlich stehen wir im Kopierraum. Ich fackele nicht lange mit den Knöpfen, ich mache eine Kopie. Ich mag ihn sofort. Er sieht aus wie ich, nur sind die Ringe dunkler unter seinen-meinen Augen, die Narbe auf seiner-meiner Wange markanter. Ich hebe den Kopf und sehe, dass Sylvia sich mit 10, 35 & 75 % kopiert hat. Ein Sylvia-Crescendo. Ich spüre eine Hand auf meinem Rücken & dann habe ich nur noch Augen für ihn. Die ersten Abende bleiben wir lange wach. Unsere Umarmung passt perfekt. Er ist sacht & bedacht, mein schlurfender Schatten – er schüttelt Sofakissen auf, füttert die Goldfische. Von der Art, wie er Platsch & Plitsch beobachtet, weiß ich, dass er denkt, Platsch sei das Original und Plitsch die Kopie. Wie süß, denke ich. Eines Tages beobachte ich im Flurspiegel, wie er Platsch in einen Tontopf umfüllt und eine goldene Prise Fischflocken in das Glas mit Plitsch fallen lässt. Obwohl ich nicht nah dran bin, weiß ich, wer wer ist. Am nächsten Abend ist mein roter Schal verschwunden & er auch. Mein Telefon klingelt. Der Sopran ist erkältet, der Einspringer singt. Er ist in der Oper. Wir sind alle in der Oper.

SAD LITTLE BREATHING MACHINE

Engine: @

Under its glass lid, the square
of cheese is like any other element

of the imagination—cough in the tugboat,
muff summering somewhere in mothballs.

Have a humbug. The world is slow
to dissolve & leave us. Is it your

hermeneut's helmet not letting me
filter through? The submarine sinks

with a purpose: Scientist Inside
Engineering A Shell. & meanwhile

I am not well. Don't know how to go on
Oprah without ya. On TV, a documentary

about bees—yet another box in a box.
The present is in there somewhere.

ARME KLEINE ATEMMASCHINE
Motor: @

Unter seiner Glashaube gleicht
der Käsewürfel jedem anderen Aspekt

der Fantasie – Husten im Schleppschiff,
in Mottenkugeln übersommernder Muff.

Nimm noch einen Humbug. Die Welt
zerfällt so langsam & lässt uns zurück.

Ist es dein Hermeneutenhelm, der mich
nicht durchstellt? Das sinkende U-Boot

hat doch einen Grund: Wissenschaftler
basteln drinnen eine Muschel. & dabei

geht's mir so mies. Wie zeig ich bei Oprah
mein Gesicht ohne dich? Im Fernsehen

eine Bienendoku – noch 'ne Box in 'ner
Box. Das Präsent ist irgendwo da drin.

WORD PARK

Proper nouns are legible in any light and like to stay near their cages. They're the saunterers and the preeners, the peacocks who walk up to you and unfurl their fan of feathers hello. To see a shy one, position yourself between two trees; eventually it'll get whisked into a sentence and will have to come out from the shadows. We stock the park with packs of verbs and ands, so the odds are in your favor. Lessons in tracking are given every hour on the hour. You'll learn to go unnoticed behind a lamppost so you can get a glimpse of a squabble—COAT's flapping shadow tussling with WEARING because it wants to be the verb. The comma is the timid creature (ankle-height, cringing) you'll spot when you pause to look at the map, the dash is the sprinter in a thin coat of rain. Take a left for indirect object, for conjunctions, straight ahead. Officially, the exotics are extinct, but you've heard about watchers in the cities training their binoculars on ledges half-hidden by air conditioners, scanning the gutters for pairs of bright eyes. They know the ruses unsanctioned words use. They roll in the dirt to hide their vivid feathers. According to the tabloids, CHOCOLATED made it half way across the country, hopping from schoolyard to schoolyard in a convincing coat of mud, and last week VERYING was spotted hiding in the wake of a ferry. One watcher got a picture before the authorities harpooned it. In the photograph the water is bluer than blue.

WORTPARK

Eigennamen sind in jedem Licht lesbar und bleiben gern in Käfignähe. Sie sind Flanierer und Stolzierer, Pfaue, die zur Begrüßung sofort ihre Federfächer zeigen. Um ein scheues Exemplar zu sehen, stellen Sie sich zwischen zwei Bäume; einmal wird es doch in einen Satz gerissen, dann muss es aus dem Schatten treten. Wir bestücken den Park auch mit Verb-Rudeln und Unds, damit Sie bessere Chancen haben. Workshops im Spurenlesen finden jede volle Stunde statt. Sie werden lernen, für echte Balgereien unbemerkt hinter Laternen zu stehen – der flappende Schatten von KRAGEN prügelt sich mit TRAGEN, er will auch mal Verb sein. Komma ist jene schüchterne Kreatur (knöchelgroß, kriechend), die Sie in einem ruhigen Moment bemerken werden, wenn Sie auf die Karte gucken; der Bindestrich: Kurier in dünner Regenhaut. Nach links für indirekte Objekte, geradeaus für Konjunktionen. Die Exoten sind offiziell ausgestorben, aber sicher haben Sie von Beobachtern in den Städten gehört, die mit Ferngläsern auf Fensterbrettern, halb versteckt hinter Belüftungskästen, die Gosse nach hellen Augenpaaren abscannen. Man kennt diese Sorte verbotener Worte. Die rollen sich im Dreck, um ihre bunten Federn zu verbergen. Den Schlagzeilen zufolge schaffte es SCHOKOLASIG durchs halbe Land, hüpfte in einem überzeugenden Überzug aus Modder von Schulhof zu Schulhof. Letzte Woche erst wurde VIELIEREN im Kielwasser einer Fähre entdeckt. Ein Beobachter konnte es fotografieren, bevor die Behörden das Ding harpunierten. Auf dem Bild ist das Wasser blauer als blau.

[   ]

A child glanced up at her father and they named that "Buttercup." The stripes on the road (not the new ones but the ones the wheels had worn away) they named "Ghost Morse Code." They named the difference between a photograph of a red barn and a photo-realist painting of the same red barn, "One-Minute-Past-the-Hour." They left no stone unturned, naming the rock's light gray belly, the smears of soil that stuck to it, the indentation left behind in the ground. Even the damp smell of centipedes warranted a word. The Naming Books were stored in warehouses across the country at exactly 64 degrees. There wasn't much that wasn't in them, a nation of Adams flinging names across the land had seen to that. Some people rebelled and there was a name for that too. There was one hotel with no name, no sign and no list of guests. If you managed to find it, you might find a crowd huddled around a group of waiters who were flinging water at vents expelling such icy-cold air that the water would freeze in a random and unclassifiable manner, then melt as quickly as it had frozen. Or a row of long tables with bowls of something that was neither sauce nor soup and outside the window, a bonfire of pink letter paper.

[   ]

Ein Kind linste zu seinem Vater hoch und sie nannten das »Butterblume«. Die Streifen auf der Straße (nicht die neuen, sondern die von Rädern ausgebleichten) nannten sie »Morsecode der Geister«. Sie nannten den Unterschied zwischen dem Foto einer roten Scheune und dem fotorealistischen Gemälde derselben roten Scheune »Eine Minute nach«. Sie drehten jeden Stein um, benannten den hellgrauen Bauch des Felsens, die Erdschlieren dran, die Kuhle im Weg. Sogar der klamme Geruch der Tausendfüßler verlangte nach einem Wort. Die Namensbücher lagerten in Hallen überall im Land bei exakt 17 °C. Es gab nichts, was es darin nicht gab, eine ganze Nation Namen verteilender Adams hatte dafür gesorgt. Manche Leute rebellierten, und auch das hatte einen Namen. Irgendwo gab es ein Hotel ohne Namen, ohne Schild, ohne Gästebuch. Falls du es noch findest, triffst du dort vielleicht von Menschen umringte Kellner, die Wasser über die eiskalte Luft der Belüftungsschlitze schütten; Wasser, das in zufälligen, unklassifizierbaren Formen gefriert, bevor es ebenso schnell wieder schmilzt. Oder eine lange Tafel, darauf Schüsseln mit etwas, das nicht Sauce und nicht Suppe ist; draußen vor dem Fenster ein Lagerfeuer aus rosa Briefpapier.

OUR SQUARE OF LAWN

From the parrot's perch
the view is always Hello.

We try not to greet one
another. When the boys come

after school I shout
"You are not cameras"

at them & they run away.
Fact will muzzle anything.

I look at myself in
a spoon & I am just

a head. Never learned
how to make ringlets—

was always too literal.
The trees are covered

with tiny dead bouquets.
The ducks have been eating

grass with chemicals on it,
ignoring the signs. At night

from our glass-fronted box
we watch them glow.

It is the closest we come
to dreaming.

UNSER RASENQUADRAT

Von der Sittichstange
ist die Aussicht immer Hallo.

Wir versuchen uns nicht
zu grüßen. Kommen die Jungs

nach der Schule, rufe ich
»Ihr seid keine Kameras«

& sie laufen davon. Fakten
können alles mundtot machen.

Ich betrachte mich in
einem Löffel & ich bin bloß

ein Kopf. Locken wickeln
hab ich nie gelernt –

war immer zu wörtlich.
Die Bäume sind bedeckt

mit kleinen toten Bouquets.
Die Enten fressen Gras mit

Chemikalien drauf, ignorieren
wieder alle Schilder. Nachts

durch die Glasfront unserer Kiste
können wir sie leuchten sehen.

Näher kommen wir
dem Träumen nicht.

SET YOUR SIGHTS

"Let your fur hood soften
the periphery," says the psychiatrist.

When that doesn't work,
he gives me the snowgoggles. Split

second, split minute—he's taken
my ogle, the angle I was working:

180° of the igloo and the snowshoe strut.
Listening quiets the glistening,

slits line things up.
So this is focus. Fine.

Fine.

RICHTE DEINE SICHTEN

»Lass deine Pelzkapuze die Peripherie
einflauschen«, sagte der Psychiater.

Wenn das nicht funktioniert,
gibt er mir die Schneebrille. Spalt-

sekunde, Bruchminute – fort ist
mein Silberblick, mein Einfallswinkel:

180° Iglu und das Schneeschuh-Stapfen.
Munkeln besänftigt das Funkeln,

Schlitze listen Dinge auf.
Das also ist Fokus. Fein.

Fein.

SATELLITE STORAGE INC.

The satellites look like rusty metal cubes—some minimalist's project gone bad or boring. With all their flying parts folded into themselves, it's as if they've gone back in time. They're baby birds with gummed eyelids, knowing nothing beyond the nest's perimeter. The soldier in charge pays the phone bill each month but no one calls. He keeps the satellites at the ready, is sure that if he flipped the switches on their underbellies, they would whir and start up as if they had just been shut down. He has various strategies to remind them of flight. When a tree hits a power line, announcing *storm!* he hops off whatever barstool he's sitting on and drives to the facility, opens all the windows and doors and lets the wind and rain rip through. For a few years, he kept a canary there. He has filmstrips of sunsets and recordings of space, one yellow spotlight, one white, and a tiny model of Phoenix, AZ, which he places underneath the satellites one by one, in rotation. When he sees the sad girl standing in the corner at a party, he knows exactly what to do.

SATELLITENLAGER INC.

Die Satelliten sehen aus wie rostige Metallwürfel – irgendein Minimalistenprojekt, das schiefging oder einschlief. Mit ihren eingefalteten Flugsegmenten sehen sie aus, als wären sie in der Zeit zurückgereist, wie Vogeljunge mit verklebten Lidern, die kaum was kennen außerhalb des Nests. Der diensthabende Soldat bezahlt jeden Monat den Telefonanschluss, aber niemand ruft an. Er hält die Satelliten startbereit, denn wenn er auf die Schalter unter ihren Bäuchen drückte, würden sie anspringen und losschwirren, als wär's erst gestern gewesen – da ist er sicher. Er hat diverse Strategien, um sie ans Fliegen zu erinnern. Wenn ein Baum die Leitung trifft und statt Strom *Sturm!* durchgibt, springt er von seinem jeweiligen Barhocker, fährt zur Anlage, öffnet alle Fenster und Türen, lässt Regen und Wind hineinpeitschen. Ein paar Jahre lang hielt er auch einen Kanarienvogel. Er hat Filme mit Sonnenuntergängen und Aufnahmen vom Weltraum, einen gelben Strahler und einen weißen, dazu ein winziges Modell von Phönix, Arizona, das er unter jeden Satelliten schiebt, abwechselnd, im Kreis. Wenn er das traurige Mädchen auf der Party rumstehen sieht, weiß er genau, was zu tun ist.

SERGIO VALENTE, SERGIO VALENTE, HOW YOU LOOK TELLS THE WORLD HOW YOU FEEL

Engine: < : Ø : □

My "you" came to the city to visit
me: clouds rushed between us

& the sun. The albums were finally full.
Halfheartedly we looked through lenses,

fish-eye & wide, but we'd had enough
likenesses taken. Similes were simply out

of the question. The blind man, regardless,
said, "Please a little light so I can see

my love." (He'd gone through
seven doves without knowing it.) In bed,

the surveyors held their aching heads.
Satellites caught our thoughts & held them.

Then snow fell in between two trains;
then fleas swirled in the hoof-dust; & when

we looked at each other we didn't look
alike. I kissed your magnifying glass

& said, "When the aliens come,
they'll know we're inside our cars."

SERGIO VALENTE, SERGIO VALENTE,
WIE DU AUSSIEHST SAGT UNS WIE DU DRAUF BIST

Motor: < : Ø : □

Mein »Du« kam mich besuchen in der
Stadt: Wolken sausten zwischen uns

& die Sonne. Die Alben waren endlich voll.
Halbherzig schauten wir durch Linsen,

Fischauge & Weitwinkel – wir hatten aber genug
Ähnlichkeiten im Kasten. Gleichnisse

standen außer Frage. Der blinde Mann sagte
trotzdem: »Bitte ein bisschen Licht, ich will

meinen Schatz sehen.« (Ahnungslos hatte er
schon sieben Spatzen verschlissen.) Im Bett

hielten die Vermesser ihre schmerzenden Köpfe.
Satelliten fingen unsere Gedanken & hielten sie fest.

Später fiel Schnee zwischen zwei Züge;
später wirbelten Flöhe im Hufstaub & als

wir einander ansahen, sahen wir einander
nicht ähnlich. Ich küsste dich auf deine Lupe

& sagte: »Wenn die Aliens kommen, wissen sie
bestimmt, dass wir in unsren Autos sind.«

IV

**NO ONE WILL SEE
THEMSELF IN YOU**

NIEMAND WIRD SICH
IN DIR SEHEN

WHACK-A-MOLE REALISM™

At the carnival, Robo-Boy sees only things he recognizes. The Ferris Wheel is an overgrown version of his own bells and whistle eyes. His Flashers, his mother calls them. The Tilt-A-Whirl is the angle his head tilts when the Flirt Program goes into effect, usually in the vicinity of a Cindy or a Carrie, though once he found himself tilting at the school librarian which caused him to wheel in reverse into the Civil War section knocking over a cart of books that were waiting to be shelved under B. There's a dangerously low stratosphere of pink cotton-candy clouds being carried around by the children. If Robo-Boy goes near them, the alarms will go off. It's the kind of sticky that would cause joint-lock for sure. In a darker, safer corner Robo-Boy finds the Whack-A-Mole game. He pays a dollar and starts whacking the plastic moles on their heads each time they pop up from the much-dented log. He wins bear after bear. It's only when he's lugging them home, the largest one skidding face-down along the sidewalk getting dirt on its white nose and light blue belly, that he remembers the program: Wac-A-Mole Realism™—the disc on the installer's desk. Suddenly it all fits together: the way a deliciously strange thought will start wafting out of his unconscious—and then WHAM, it disappears.

HAU-DEN-MAULWURF-REALISMUS™

Auf dem Jahrmarkt sieht Robo-Boy nur Dinge, die er schon kennt. Das Riesenrad ist eine zu groß geratene Version seiner eigenen Klimbim-Augen. Blinker, wie Mutter immer sagt. Die Gaudischaukel entspricht dem Neigungswinkel seines Kopfs im Flirtprogramm, meistens in der Nähe einer Käthe oder Carrie, obwohl er sich einmal schräg grinsend bei der Schulbibliothekarin ertappte, woraufhin er rückwärts in die Bürgerkriegsabteilung rollte und einen Bücherstapel umstieß, der unter B eingeordnet werden sollte. Eine gefährlich tiefe Stratosphäre aus rosa Zuckerwattewolken schwebt in den Händen der Kinder. Wenn Robo-Boy da näher käme, ginge der Alarm los. Diese Kategorie klebrig würde garantiert zu Gelenksperre führen. In einer dunkleren, sicheren Ecke findet Robo-Boy die Hau-den-Maulwurf-Maschine. Er zahlt und haut sofort auf die Plastikköpfe der Maulwürfe, wenn sie aus ihrem sehr eingedellten Loch lugen. Er gewinnt viele Bären. Erst auf dem Nachhauseweg, als der größte und schwerste Bär mit dem Gesicht auf der Erde schleift, Dreck auf der weißen Nase und dem hellblauem Bauch, denkt er an das Programm: Hau-den-Maulwurf™ – die CD auf dem Schreibtisch des Technikers. Plötzlich passt alles zusammen: wie ein schön seltsamer Gedanke aus seinem Unbewussten hervorschwebt – und dann, RUMS, verschwindet.

EMPHASIS ON MISTER OR PEANUT, ROBO OR BOY

In the chapters on Special Children, the parenting books stress the need for role models. Hence the silver-framed portraits of Mr. Peanut, the Michelin Man and Mrs. Butterworth in silver frames on Robo-Boy's bureau. Robo-Boy has never quite known what to do with them. For a while he thought they might be estranged relatives, especially since his parents never mentioned them. Mr. Peanut, debonair as Fred Astaire, looks like the kind of uncle who might tell you over steak and a cigar that with a pair of gloves and a monocle slotted over your eyesocket, you can have your pick of the ladies. Mrs. Butterworth figured more in Robo-Boy's brief religious phase—there's something holy in her maple syrup glow, and in her shape, something of the Buddha. The Michelin Man is the one who worries him. With his perpetual thumbs-up and cheerful expression he looks like he might be hoping to hitchhike his way the hell out of here—

BETONUNG AUF MISTER ODER PEANUT, ROBO ODER BOY

In Kapiteln über Problemkinder erklären Elternratgeber gern, wie wichtig Vorbilder sind. Darum die silbergerahmten Porträts auf Robo-Boys Kommode: Mr. Peanut, das Michelin-Männchen, Mrs. Butterworth. Robo-Boy wusste lange nicht, was er mit ihnen anfangen sollte. Eine Weile dachte er, sie seien verkrachte Verwandte, auch weil seine Eltern sie nie erwähnten. Mr. Peanut, Charmeur wie Fred Astaire, ähnelte jenen Onkeln, die bei Steak und Zigarre erzählen, man hätte mit Handschuhen und einem lockeren Monokel im Auge bei den Damen leichtes Spiel. Mrs. Butterworth wurde eher in Robo-Boys kurzer religiöser Phase wichtig – ihr Ahornsirupleuchten war beinahe heilig, ihre Figur beinahe Buddha. Das Michelin-Männchen aber macht Robo-Boy Sorgen. Mit seinem ewigen Super-Daumen und dem Dauerlachen sieht er aus, als hoffte er, sich bald als Anhalter aus dem Staub zu machen –

NO ONE WILL SEE THEMSELF IN YOU

In the sketches, the eyes looked just right: luminous green with lids set on "random" to blink. But now with the robot right there on the table taking its first test breaths under his fingertips (still silver, still an "it," with skin and gender slated for tomorrow), the inventor can see his mistake. He's given it miniature traffic light eyes, always green for go. As a child he used to watch one from his bedroom window, swinging on a wire like charm on a bracelet, its housing painted standard government mustard. It was his Magic 8 ball, his Tarot pack, his fill-in-the-blank: if he opened his eyes on green it meant go downstairs, pretend you had a nightmare (the details—type of monster, setting of chase-scene—are negligible as long as you say your parents saved you—*together*—in the end). Yellow meant wake your sister. Red almost always meant a nasty scraping sound as the tailpipe hit the one tilted slab in the driveway. The inventor closes his eyes, opens them again. Why hadn't he given the robot pupils, that nervous aperture that shape-shifts from circle to surfboard with the flick of a light switch. His ex-lover used to say to him, "lend me your mini-mirrors." He doesn't believe in any of that inkwell-of-the-soul crap, but still he fiddles with the wiring behind each eye, unscrews a circle of green lights in the center and the robot does look better, more human. But on the computer screen he sees what the robot sees: a blind spot right in the center of his vision, a dartboard with a black bulls'-eye, a hole that swallows anything he turns to see—

NIEMAND WIRD SICH IN DIR SEHEN

Auf den Skizzen waren die Augen genau richtig: leuchtend grün, die Lideinstellung »zufällig blinzeln«. Doch als der Roboter unter seinen Fingern jetzt zum ersten Mal testatmet (noch silbern, ein »Ding«, Geschlecht und Haut sind morgen dran), sieht der Erfinder sofort seinen Fehler. Er hat ihm Ampelaugen gegeben, die immer auf »Gehen« stehen. Als Kind hing vor seinem Schlafzimmerfenster eine Ampel, baumelte an ihrer Leitung wie ein Glücksbringer am Armband, Gehäusefarbe: das übliche Regierungssenf. Sie war seine Kristallkugel, sein Tarot-Set, Lückentext: Augen auf bei Grün hieß nach unten gehen und einen Albtraum vorschieben (die Details – Monstersorte, Ort der Verfolgungsjagd – sind unwichtig, solange man sagen kann, die Eltern hätten einen *gemeinsam* gerettet). Gelb hieß Schwester aufwecken. Rot war meist das schlimme Kratzgeräusch, wenn der Auspuff über die lose Steinplatte in der Auffahrt schabte. Der Erfinder schließt seine Augen, öffnet sie wieder. Warum nur hat er dem Roboter keine Pupillen gegeben, nervöse Blenden, die mit einem Schalterknips von Kreis auf Surfboard springen. Seine Ex sagte immer: »Leih mir deine Minispiegel.« Obwohl er nicht an diesen Tintenfass-der-Seele-Quatsch glaubt, fummelt er an den Drähten hinter jedem Auge, entfernt einen grünen Lichtkreis aus der Mitte – schon besser, schon menschlicher. Doch auf dem Bildschirm sieht er jetzt, was der Roboter sieht: ein blinder Fleck in der Mitte des Sichtfelds, ein Dartbrett mit schwarzem Auge, ein Loch, das alles, was er fokussiert, verschluckt –

MINOTAUR, NO MAZE

At the DMV Robo-Boy presents his hands. It makes you wonder. Why would they bother to engrave on each palm a life line (deep and long), a head line (joined to his life line meaning he has "a cautious, sometimes fearful nature") and a heart line (faint and dotted, that figures) and forget to give him fingerprints? The woman looks down at the form. She has little epaulettes of dandruff on each shoulder. "Is there a reason the subject cannot be fingerprinted? An amputation? Current injury? Other, please explain." She looks up and then back down again. And so Robo-Boy falls under the category of "other" again. Nervously, he picks at his wrist with his fingernail (fingernails he has) until a bit of beige flakes off and he can see his silver undercoat glinting through. His mother keeps a little can of Skinspray #439 for touch-ups in her bedside table drawer along with her pearls and her vitamins. Once she broke a bottle of foundation in her bag and when he looked inside it seemed lined with her skin. It pleased and scared him—he half expected a pair of eyes to blink open above the zipper-mouth of the inside pocket. Instant baby sister. The woman is signaling for her supervisor—first subtly with her eyebrows, but soon she's making huge loops and whorls with her arms. Robo-Boy looks at her desk, her phone, her black coffee mug—there are fingerprints everywhere, little gray mazes that all lead back to her big gold nametag, which reads HOW MAY I HELP? I'M (and then scrawled in smeared ink) Janice.

MINOTAURUS MINUS LABYRINTH

Bei der Verkehrsbehörde zeigt Robo-Boy seine Hände her. Da fragt man sich doch. Warum macht sich einer die Mühe und graviert in jede Handfläche eine Lebenslinie (lang und tief), eine Kopflinie (fließt in die Lebenslinie, das heißt, er hat ein »vorsichtiges, manchmal ängstliches Wesen«) und eine Herzlinie (verräterisch schwach und gepunktet), vergisst aber die Fingerabdrücke? Die Frau beugt sich über ihr Formular. Sie hat kleine Schulterstücke aus Schuppen. »Gründe für die Abwesenheit der Fingerabdrücke: Amputation. Akute Verletzung. Andere. Bitte auf einem Extrablatt erklären.« Sie schaut auf und zurück aufs Papier. So landet Robo-Boy wieder unter »Andere«. Nervös kratzt er sein Handgelenk mit den Fingernägeln (Fingernägel hat er), bis ein kleiner, beiger Farbsplitter abspringt und der silberne Untergrund durchschimmert. Seine Mutter bewahrt eine kleine Dose Hautspray Nr. 439 für Aufbesserungen in ihrem Nachtisch auf, neben den Perlen und Vitaminen. Einmal zerbrach ein Grundierungsfläschchen in ihrer Handtasche, und als er hineinlugte, sah das Futter aus wie die Haut der Mutter. Er war zugleich froh & geschockt – halb hoffte er, über dem Reißverschlussmund der Innentasche würde ein Augenpaar aufgehen. Instant-Babyschwester. Die Frau winkt ihrem Vorgesetzten, zuerst dezent mit den Augenbrauen, dann schwingen ihre Arme in riesigen Kreisen und Kringeln. Robo-Boy studiert ihren Schreibtisch, das Telefon, die schwarze Kaffeetasse – überall Fingerabdrücke, kleine graue Labyrinthe, und alle führen sie zurück auf das große goldene Namensschild: WAS KANN ICH FÜR SIE TUN? ICH BIN (gekritzelte schwarze Tinte) Janett.

ROBO-BABY

When Robo-Boy feels babyish, he has the option of really reverting. The button is tiny and awkwardly placed beneath his left shoulder blade, but he can just reach it with a chopstick. One well-placed poke and he's folding in like an accordion until he's a simple 2'x 2'x 2' cube: Robo-Baby. Cute. Compact. One year, scouring the house for hidden Christmas presents, he found the box he came in tucked in the back of the closet under the stairs. The bad font on the outside (of course they used Futura) embarrasses him, but he has to admit he kind of likes the inside of the box. It's covered with cartoon panels of scenes from his supposed past. He recognizes the scenes as memories, but he likes looking at the flat version without the imported sense data attachments. Like most parents who adopt robots, his fast-forwarded through his first three years. On Day One he puts everything in his mouth, pulls himself up by holding onto the coffee table and takes his first steps. On Day Two he says no to everything, begins and perfects potty training and throws three twenty-minute tantrums. On Day Three, he invents an imaginary friend and develops a fear of peacocks. He has a year's-worth of blurry baby memories for each of these days, but he can tell where the switch from pre-recorded to actual memories happens. In the pre-memories his parents' faces are cut-outs from their wedding photograph pasted onto bodies that don't quite match. In his first real memory (a whispered, "Honey, should we know how to turn him off, just in case?") their faces ripple like ponds disturbed by giant fish fighting beneath the surface before they settle into twin grins.

ROBO-BABY

Wenn sich Robo-Boy nach Baby fühlt, ist echter Regress eine Option. Zwar sitzt der winzige Knopf schwer zugänglich unter seinem linken Schulterblatt, aber mit einem Essstäbchen kommt er gerade ran. Ein wohlplatzierter Stoß und er faltet sich, wie ein Akkordeon, zu einem kleinen Kubus zusammen (5 x 5 x 5 cm): Robo-Baby. Krass süß. Kompakt. Einmal fand er, während er das Haus nach versteckten Weihnachtsgeschenken durchstöberte, die Schachtel, in der er gekommen war, tief im Wandschrank unter der Treppe. Die schlechte Type außen beschämt ihn (sie mussten natürlich Futura nehmen), aber der Innenraum gefällt ihm irgendwie. Die Seiten sind voller Comicbilder aus seiner angenommenen Vergangenheit. Er kennt die Szenen als Erinnerungen, aber es ist schön, sie jetzt als Flachversion zu sehen, ohne importiertes Sinnesdaten-Zubehör. Wie die meisten Eltern, die Roboter adoptieren, stellten seine die ersten drei Jahre auf Schnelldurchlauf. An Tag 1 steckt er alles in den Mund, zieht sich am Couchtisch hoch und macht die ersten Schritte. An Tag 2 sagt er zu allem Nein, probiert und perfektioniert Töpfchen und tobt durch drei zwanzigminütige Trotzanfälle. An Tag 3 erfindet er einen imaginären Freund und entwickelt eine Pfauenphobie. Für jeden dieser Tage hat er vage Babyerinnerungen für ein Jahr, aber er weiß genau, wann seine eigenen Erinnerungen die vorgefertigten ablösen. In den Fertigerinnerungen sind die Gesichter seiner Eltern aus dem Hochzeitsfoto ausgeschnitten und auf unpassende Körper geklebt. In seiner ersten echten Erinnerung (ein geflüstertes »Sollten wir nicht wissen, wo man ihn abschaltet, Schatz, nur für den Fall?«) kräuseln sich ihre Gesichter wie ein Teich, den ein riesiger, unter Wasser wütender Fisch aufgeschreckt hat, bevor sie sich in zwei Lächeln glätten.

LONESOME LODESTONE

Robo-Boy is in band practice when it happens. A piccolo hits him squarely in the chest, then stays there, as if super-glued. He looks up and sees a metal wall consisting of the brass section (one tuba, two baritones, four trumpets, one French horn) lurching towards him—thank god for Thinkfast™ and Reflex™, which have saved him from countless blacktop humiliations. The wall of gold metal hits the door with a giant clang as it closes behind him, then slowly slides to the floor, the treasure hoard of some mad musician king. Robo-Boy runs home, noticing the stop signs bending towards him, the rings in the jewelry store pressing their sparkling noses to the glass, the grinning bracelets. The quilting circle doesn't see him through the window, but their needles take note, rising in his direction like plants that seek out the sun. One needle straining towards this new center of the universe pricks Mrs. Eisenstein's finger. Consider the drop of blood that falls onto the flowered fabric the official marker of the beginning of Robo-Boy's puberty. At home, locked in his room, Robo-Boy is spitting out paperclips, covering his ears so he won't hear the sound of the pots and pans rattling downstairs in the kitchen.

EINSAMER MAGNET

Robo-Boy ist bei der Probe, als es passiert. Eine Piccolo trifft ihn direkt in die Brust und bleibt dort, wie mit Sekundenkleber, kleben. Er hebt den Kopf und sieht eine Wand aus Blechbläsern auf sich zu stürzen (eine Tuba, zwei Saxophone, vier Trompeten, ein Waldhorn) – doch zum Glück hat er Denkschnell™ und Reflex™, die ihn schon vor zahllosen Spielplatzblamagen bewahren. Mit gewaltigem Scheppern schlägt die glänzende Blechwand gegen die Tür, die sich hinter ihm schließt, und gleitet zu Boden wie der Schatz eines verrückten Musikantenkönigs. Robo-Boy flitzt nach Hause. Stoppschilder neigen sich ihm zu, Ringe in der Juweliersauslage pressen ihre glitzernden Nasen ans Glas, Armreifen grinsen. Zwar bemerkt ihn der Quiltzirkel durchs Fenster nicht, aber die Nadeln bemerken ihn, recken sich ihm entgegen wie Pflanzen der Sonne. Eine Nadel sticht im Verlangen, das neue Zentrum ihres Universums zu finden, Frau Eisenstein in den Finger. Lies den Blutstropfen, der aufs Blumenmuster fällt, als das offizielle Zeichen für den Beginn von Robo-Boys Pubertät. Zu Hause, versteckt in seinem Zimmer, spuckt er Büroklammern aus und hält sich die Ohren zu, während Töpfe und Pfannen in der Küche rasseln.

MOVING DAY

When it comes to spatial puzzles, Robo-Boy is a natural. Before putting the toaster in a cardboard box he slides a slim paperback into each of its two slots. (This will later result in one toasted *A Farewell to Arms* and a pile of ash that was once *The Volcano Lover*. His mom will look at the chrome box in flames and wonder if he is trying to tell her something.) He crams two pillowy bags of flour into the blender where they wrinkle like elephant ankles. (Later again, when his mom opens the lid, a puff of flour will escape like a weak protest—*no!*) When she hands him the box of packing sheets to put between the Sunday plates, she doesn't know she's giving him something he's been looking for. He learned the word last week in English class: subjectivity—*proceeding from or taking place in a person's mind rather than the external world.* He got it right on the quiz but only understood it after his friend (his only friend) Lucy explained it to him: *You know how if you're in a bad mood a wet dog looks one way and if you're in a good mood it looks another? It's like wearing tinted glasses, only on the inside.* Robo-Boy doesn't know but he wants to. Describe it, he says, over and over again. Robo-Boy has five emotions, HAPPY, SAD, ANGRY, CONFUSED, and CONTENT. When he switches from one to another his body makes the same sound his dad's Acura makes when shifting from first into second gear, second into third. He's learned to clear his throat to mask the grinding sound. Robo-Boy holds the thin sheet of Styrofoam to the light and thinks, "subjectivity." Mind whirring, he wraps the plates in newspaper and stows the sheets in his suitcase. The next night, in the new house, he starts the project, labeling them as he goes. For MELANCHOLY TINGED WITH SWEETNESS he soaks the sheet in gloppy gray paint, pastes on ripped photographs of factories and sprays the mess with Chanel No. 5. For TEARS TURNING TO LAUGHTER he sprinkles the top half of the sheet with glitter and paints a

UMZUG

Bei räumlichen Puzzles ist Robo-Boy in seinem Element. Bevor der Toaster in den Karton kommt, schiebt er zwei dünne Taschenbücher in die Schlitze. (Die Folgen sind später: *In einem anderen Land,* getoastet, *Der Liebhaber des Vulkans,* ein Aschehäufchen. Seine Mutter wird auf die Flammen starren, die aus dem Chromgehäuse schlagen, und sich fragen, ob er ihr etwas mitteilen will.) Zwei bauchige Mehltüten stopft er in den Mixer, wo sie faltig werden wie Elefantenfüße. (Wieder später, wenn seine Mutter den Deckel anhebt, wird ein Mehlwölkchen aufsteigen wie schwacher Protest – *Nein!*) Als sie ihm die Schachtel mit den Bögen reicht, die zwischen das gute Geschirr kommen, ahnt sie nicht, dass sie ihm etwas gibt, wonach er gesucht hat. Letzte Woche hatte er das Wort im Englischunterricht gelernt: Subjektivität – *ausgehend von oder existierend in der Vorstellung einer Person im Gegensatz zu in der äußeren Welt.* Im Test gab er die richtige Antwort, verstand es aber erst, als sein einziger Freund (seine einzige Freundin) Lucy ihm erklärte: *Du weißt doch, wie ein nasser Hund mal so aussieht und mal so, je nachdem, ob du gute Laune hast oder schlechte? So ist das – wie wenn man eine getönte Brille trägt, nur innen.* Robo-Boy weiß nicht, aber er möchte es gerne wissen. Beschreib es bitte, sagt er immer wieder. Er hat fünf Gefühle: GLÜCKLICH, TRAURIG, WÜTEND, DURCHEINANDER und ZUFRIEDEN. Wenn er von einem ins andere wechselt, macht sein Körper das gleiche Geräusch wie der Acura seines Vaters beim Schalten vom ersten in den zweiten Gang, vom zweiten in den dritten. Robo-Boy hat gelernt, sich zu räuspern, um das Schleifgeräusch zu überspielen. Robo-Boy hält einen dünnen Schaumstoffbogen ins Licht und denkt »Subjektivität«. Mit schwirrendem Kopf wickelt er das Geschirr in Zeitungspapier und

baseline of blue. Tomorrow he will go on a walk with the sheets stowed in his backpack. He'll sit on a fence and look at the clouds, through exhilaration, hysteria, delight, despair.

verstaut die Bögen in seinem Koffer. In der nächsten Nacht, im neuen Haus, fängt er mit seinem Projekt an und benennt jedes Blatt. Für MELANCHOLIE MIT SÜSSE taucht er das Blatt in schmuddeliges Grau, klebt ausgerissene Fotos von Fabriken drauf und besprüht das Ganze mit Chanel Nr. 5. Für MITTEN IM WEINEN LACHEN streuselt er Glitzer auf die obere Hälfte und malt darunter einen blauen Grund. Morgen wird er mit den Bögen im Rucksack spazieren gehen. Er wird auf einem Zaun sitzen und die Wolken anschauen: durch Heiterkeit, Hysterie, Entzücken, Entsetzen.

V

ONCE AROUND THE PARK
WITH OMNISCIENCE

EINMAL DURCH DEN PARK
MIT OMNIPOTENZ

OTHER (BE SPECIFIC)

The driftwood fencepost
is doubly downed, comma after soil,

comma after sea. Rain falls
around the horse-space.

Yes, I think I'll have my say-so.
I invented that glint in your eye

with my version of terrarium,
this thin glass coat.

I know what you'll say and it's true.
We may already be drowning

if we choose to take the aerial view.

ANDERE (GENAUER)

Der Treibholzpfahl ist zweifach
versunken. Komma nach Strand,

Komma nach Sand. Regen fällt
um die Pferdeleere in der Luft.

Ja, ich werde mein Sosagen haben.
Ich erfand den Glanz in deinen Augen

mit meiner Version von Terrarium,
diesem dünnen Glasmantel. Ich weiß,

was du sagen wirst, und es stimmt.
Vielleicht ertrinken wir schon längst,

wenn wir hier die Draufsicht wählen.

THE TRANSPARENT HEIR APPARENT

All day the prince's subjects stood under the gold balcony & cheered. They waved when his horse trotted by on its early morning run, just in case he was riding it. He'd been opaque as a child, but his family had a history of similar afflictions—the famous emperor who thought less was more when it came to clothing was a distant relation—so no one was particularly surprised when at age thirteen in the middle of being quizzed on French nouns, the prince's head became see-through & his answer to the question *"Vous voulez...?"* showed a tiny velvet sofa and his French teacher on it with her bodice askew. Every day the prince faded a little more until he shimmered like the barely-there watermarks on palace proclamations. When it was time for him to find a wife, he didn't want someone who would steal the limelight, so he began to comb the country for a bride, who if not transparent, could at least be termed translucent. He was partial to girls whose veins showed through; chose one whose blood branched blue at her temples, whose skin was impossibly pale. One night, watching his queen-to-be sleeping, her vague shape among the linens like a coach with its edges blurred by snow, the prince had an idea: If, through careful intermarriage, the royal family were to become completely invisible, couldn't they replace the gods?

DER UNSICHTBARE KRONPRINZ

Den ganzen Tag lang standen die Untertanen des Prinzen vorm Goldbalkon & jubelten. Sie winkten, als sein Pferd auf der Morgenrunde vorbeitrabte, nur für den Fall, dass er auch draufsaß. Er war als Kind schon opak, doch kannte die Familiengeschichte viele ähnliche Gebrechen – der berühmte Kaiser, der in Kleiderfragen dachte, weniger sei mehr, war ein entfernter Verwandter –, darum war niemand besonders überrascht, als sein Kopf im Alter von dreizehn Jahren, und mitten im Test zu französischen Substantiven, durchsichtig wurde & seine Antwort auf die Frage »*Vouz voulez ... ?*« als winziges Samtsofa erschien, darauf die Lehrerin mit verrutschtem Korsett. Der Prinz verblasste täglich etwas mehr, bis er schließlich schimmerte wie das Wasserzeichen auf den Palastproklamationen. Als es Zeit wurde, eine Frau zu finden, wollte er keine, die ihm die Show stehlen würde, so durchkämmte er das Land auf der Suche nach einer Braut, die, wenn nicht transparent, so doch zumindest transluzent genannt werden konnte. Ihm gefielen Frauen mit durchscheinenden Adern gut & er fand eine mit blau verzweigtem Blut an den Schläfen & unglaublich blasser Haut. Als der Prinz seine zukünftige Königin eines Nachts im Schlaf betrachtete, ihren vagen Umriss unterm Laken, der den schneeverwehten Konturen einer Kutsche glich, hatte er eine Idee: Wenn die königliche Familie durch geschickte Ehen komplett unsichtbar würde, könnten sie nicht die Götter ersetzen?

RESTRICTED VISTA

Where they've punched holes in the roof,
twenty tubes of sunlight slide through.

Rattatatat. The paparazzi clatter
up the ladder and now their eyes

are shooting sight-lines past you,
through you. They're in the "about" section

watching the dreams below. You're here
because you've seen things, because you see things:

red ground behind your eyelids,
panoramas pulsing beneath each shoe.

BESCHRÄNKTE AUSSICHT

Wo man Löcher ins Dach stieß,
schießen zwanzig Röhren aus Sonnenlicht rein.

Rattatatat. Die Paparazzi klappern
die Leiter hoch, ihre Augen ballern

Sichtlinien um dich, durch dich.
Sie sind in der »Über«-Abteilung,

observieren die Träume darunter. Du bist
hier, weil du Dinge sahst, Dinge siehst:

rote Fläche hinter deinen Lidern,
Panoramen pochen unter jedem Schuh.

YOUR OWN PERSONAL SUNSHINE

One day it slipped under my umbrella—a basketball-sized yolk that nudged the handle out of my hand and when I squinted up at it, I had to admit the rain had stopped falling. Puddles receded, nay recoiled from my once-wet feet and around me suddenly everything was a-something, achirp, aflutter. I was afraid. Where was my taxidermist version of the world—trees gnarled with scruples, antlers of impossible choices mounted on the wall? Pollen-specks of sunshine were impinging on my white catastrophe dress. That's when I did it. I pushed that yellow provocateur—never mind my sizzling palms—through the door of a lighting store. Let *it* feel like everyone else.

DEIN GANZ PRIVATER SONNENSCHEIN

Eines Tages glitt es unter meinen Schirm – ein basketballgroßes Eigelb, das mir den Griff aus der Hand schnipste. Als ich blinzelnd zu ihm aufsah, wurde leider klar: Der Regen war vorbei. Pfützen zogen sich zurück, Neins prallten ab von meinen einst nassen Füßen, alles um mich war plötzlich am Schimmern, am Flattern, am Wasauchimmern. Ich hatte Angst. Wo war meine präparierte Version der Welt – Bäume knorrig von Skrupeln, an der Wand die Geweihe unmöglicher Entscheidungen? Blütenstaubflecken aus Sonne fielen auf mein weißes Katastrophenkleid. In diesem Moment tat ich es. Obwohl meine Hände zischten, stieß ich den gelben Fiesling durch die Tür eines Lampenladens. Soll *er* sich doch fühlen wie jeder andere auch.

FREE ELECTRICITY

First the prong marks appeared on my cheeks as if someone had scratched equals signs under my eyes. Three days later there was an aching just behind my knee and I found the first socket. I studied it with a hand mirror. It was exactly the shape of the outlet next to my bed—two rectangular openings and below them a hole like the mouth of a tunnel. I can remember the order in which they appeared—one on the side of my neck, another on my shoulderblade, another in the sole of my foot, yet another at my wrist—but I don't remember who first used me. I remember folding up my miniskirts and short-sleeved shirts and wearing clothes that covered every inch, so perhaps it was a lover who discovered my hidden talent—took the alarm clock and plugged it into my foot—or my sister who positioned me close to the blender when the power went out. At first it was just as a favor. "Would you mind..." "Would it be too much trouble..." Etc. But soon they didn't ask. It's all so long ago now—I've grown used to my cocoon of orange cords. Someone kind left a gap at my eyes, so at night I can see the red switches of the piles of powerstrips blinking and imagine the city running on whatever strange surge (not quite sugar, not quite caffeine) flows through my veins. That's me in the hum of your fan, me in the crackle of your TV, me lighting up every last lightbulb.

FREISTROM

Erst die Zinkenmale auf meinen Wangen, als hätte mir jemand Gleichheitszeichen unter die Augen geritzt. Drei Tage später ein Ziehen in der Kniekehle, und ich fand die erste Steckdose. Ich inspizierte sie im Handspiegel. Sie glich exakt der Steckdose neben meinem Bett – zwei parallele Spalte, darunter ein Loch wie ein Tunnelmund. Ich weiß noch, in welcher Reihenfolge sie auftauchten – links am Hals, am Schulterblatt, auf meiner Fußsohle, am Handgelenk –, aber nicht mehr, wer mich zuerst benutzte. Ich weiß, dass ich meine Miniröcke verstaute, die Hemden mit den kurzen Ärmeln und nur Klamotten trug, die jeden Zentimeter verhüllten. Also muss es wohl ein Liebhaber gewesen sein, der mein verborgenes Talent entdeckte – den Wecker nahm, in meinen Fuß steckte –, oder meine Schwester, die mich beim Stromausfall neben den Mixer stellte. Anfangs waren es kleine Gefallen. »Könntest du mal…«, »Wäre es vielleicht möglich…« usw. Bald hörten sie auf zu fragen. All dies ist lange her – ich habe mich an meinen orangen Kabelkokon gewöhnt. Eine freundliche Seele ließ einen Spalt für meine Augen frei, so sehe ich nachts die roten Schalter der Steckdosenleisten leuchten und denke, dass die Stadt von dieser sonderbaren Spannung lebt, die durch meine Adern strömt (nicht wirklich Zucker, nicht wirklich Koffein). Das bin ich im Summen deines Ventilators, im Flackern deines Fernsehers, und im Leuchten der letzten Lampe bin ich auch.

TOWN OF THEN

I meant me in the general sense
when I said did you want me.

The Old World smoked in the fireplace.
Rain fell in a post-Romantic way.

In a spoon a ceiling fan whirled.
Heads in the planets, toes tucked

under carpets, that's how we got our bodies
through. The drink we drank was cordial.

The amnesiac made a delicious sauce
& traced its radius to remember;

the translator made the sign for horse
backing away from a lump of sugar.

The sun was almost eye-level.
The trains twitched in their tracks.

DAMALSSTADT

Ich meinte mich so generell,
als ich sagte willst du mich.

Die Alte Welt qualmte im Kamin.
Regen fiel leicht postromantisch.

Im Löffel drehte sich ein Ventilator.
Die Köpfe zwischen Planeten, die Zehen

unterm Läufer, so brachten wir unsere
Körper durch. Unser Drink war herzbitter.

Der Amnesiekranke machte eine tolle Sauce
& maß zur Erinnerung ihren Radius ab;

der Übersetzer machte das Zeichen für Pferd,
das vor einem Zuckerwürfel scheut.

Die Sonne war fast in Augenhöhe.
Die Züge zuckten in ihrem Gleis.

ONCE AROUND THE PARK WITH OMNISCIENCE

The man with the metal detector hovering over the elm's elephantine roots has no idea he just missed a buried paint can (color: beige ballet) containing six letters and an engagement ring. Pug owners are 90% more likely to deny that they look like their pets than other dog owners. The girl in the woolen hat holding her camera out to capture herself and her pug on the bench is in the 10% minority and cherishes her own buggy brown eyes. Mittens on strings are only metaphorical to people without children. A jogger sees a small child with red mittens dangling from her sleeves and thinks *memory*, then imagines running around the park next Sunday with a big pair of silver scissors, tiny mittens blossoming from the mud puddles in her wake. *Mothers Beware the Mitten Marauder!* reads the headline in the *Post*. Truly it's exhausting how many minds there are to swoop in and out of. Thoughts criss-cross the paths like branches; kites get caught in them. Birds collide with dreams and are found dead on the road. Sometimes a storm is the only answer. I stir up such a wind it blows them all out of the park. Then I pour down so much rain that the park sparkles with puddles, a thousand YOU ARE HERE signs blinking up at me and only me, until some intrepid soul comes stomping through with his loud thoughts of dinner.

EINMAL DURCH DEN PARK MIT OMNIPOTENZ

Der Mann mit dem Metalldetektor über den urigen Wurzeln der Ulme ahnt nicht, dass ihm eben eine verbuddelte Farbdose entging (Schattierung: Ballettbeige), mit sechs Briefen darin und einem Verlobungsring. Mopsbesitzer werden zu 90 % eher als andere Hundebesitzer bestreiten, dass sie ihren Haustieren ähneln. Die junge Frau mit Wollmütze, die ihre Kamera ausstreckt, um sich und ihren Mops auf der Bank zu fotografieren, gehört zu den restlichen 10 % und ist ein Fan ihrer eigenen braunen Glubschaugen. Fäustlinge an einer Schnur sind nur für Menschen ohne Kinder metaphorisch. Eine Joggerin erspäht ein kleines Kind, dem rote Handschuhe aus den Ärmeln hängen; sie denkt *Erinnerung* und sieht sich dann am nächsten Sonntag mit einer großen Silberschere durch den Park rennen, während hinter ihr winzige Fäustlinge in den Modderpfützen aufblühen. *Mütter, schützt euch vor dem Fäustlingsfrevler!* lautet die Schlagzeile in der *Post*. So viele Hirne, durch die man spazieren kann, es ist wirklich strapaziös. Gedanken kreuzen die Wege wie Zweige; Drachen verfangen sich darin. Vögel kollidieren mit Träumen, enden leblos auf den Wegen. Manchmal ist die einzige Antwort ein Sturm. Ich braue einen solchen Wind zusammen, dass es alle aus dem Park weht. Ich gieße Regen hinterher und lass den Park mit Pfützen funkeln, hunderte IHR STANDORT-Zeichen blinken dann herauf zu mir, nur zu mir, bis irgendeine unerschrockene Seele da durchtrampelt und zu laut ans Abendessen denkt.

DIAGRAM OF PRETTY PLEASE

On skis, I crisscross the plaza—
doorstep to stoplight, think to thought.

Let the thistle leave the forest discreetly
on the possum. Let the sweet buns

in the bakery window overlap
& smudge their icing. Inasmuch

as my arms are full of compass roses,
I know exactly where I'm going.

That's my love there in the swivel chair.
I'm the sugarbowl on wheels.

EIN DIAGRAMM VON BILDSCHÖN BITTESCHÖN

Auf Skiern kreuz ich die Piazza –
von Schwelle zu Ampel, von denken zu gedacht.

Soll die Distel doch diskret auf dem Opossum
aus dem Forst fliehen. Sollen die süßen Brötchen

in der Bäckereiauslage übereinanderpurzeln,
bis ihre Glasur verrutscht. Insofern

als meine Arme voller Windrosen sind,
weiß ich genau, wohin ich gehe.

Das ist meine Liebe dort im Drehstuhl.
Ich bin die Zuckerdose auf Rädern.

ONCE UPON A TIME: A GENRE FABLE

"That little Narrative is so adorable," said Neighbor Lady One to the baby's proud Mama & indeed she was, nestled there in her pram like a love scene in between pages of description. Papa called her his *bella novella*, lifted her over his head & cried, "subtext, subtext!" This was before the Terrible Twos & the Fictional Fours, before she was caught herding the neighbor children around an abandoned plot of land with a splintered 2x4. At first she had seemed quite normal. So what if she wailed when a pea she flung from her highchair was left on the floor, wailed until her action reached its logical conclusion—parent retrieves pea, pea is put in the trash. So what if she liked to arrange the pigeons on her window ledge. "She's so strong-willed," said the school psychologist, remembering her first encounter with the little girl who had angrily denied plagiarizing her 2nd grade book report entitled, "Tiny Tolstoy Dreamed of Postponing Bedtime by Making His Mama Read a Much Bigger Book."

For a while Narrative formed a trio with two malleable girls whom she happily ordered around, but then they turned thirteen & Poetry & Art began to behave unpredictably in the presence of boys. Annoyed, Narrative withdrew into television—mainly sitcoms & after a particularly explicit documentary about slaughterhouses, changed her beloved pony's name from First Pet to Glue. She hated high school. Being made to switch subjects after fifty minutes made her feel homicidal. So mostly she hung out in the park slowly smoking 100s & watching the flowers turn their heads from west to east. She didn't mind the shady characters who shuffled around. At least they knew what flashbacks were.

ES WAR EINMAL: EINE GENREFABEL

»Die kleine Geschichte ist so reizend«, sagte Nachbarlady Eins zur stolzen Mutter. Sie war's in der Tat, eingebettet in den Kinderwagen wie eine Liebesszene zwischen Seiten voller Beschreibungen. Papa nannte sie seine *Bella Novella*, hob sie über seinen Kopf & rief »Subtext, Subtext!« Das war vor ihren zornigen Zweier- & fiktionalen Viererjahren, bevor man sie dabei ertappte, wie sie die Nachbarskinder in einer Rahmenhandlung einschloss und auf ihrem 24er verschwinden wollte. Zuerst schien sie ganz normal zu sein. Was machte es schon, dass sie eine Erbse vom Hochstuhl warf und weinte, als die Erbse auf dem Boden liegen blieb, weinte, bis ihr Handeln seinen logischen Schluss erreichte – Eltern heben Erbse auf, Erbse endet im Müll. Was machte es schon, dass sie gern die Tauben auf ihrer Fensterbank arrangierte? »Sie hat einen starken Willen«, sagte die Schulpsychologin und dachte an ihr erstes Treffen, als das Mädchen in der zweiten Klasse wütend den Plagiatsvorwurf zu ihrem Buchvortrag zurückgewiesen hatte, Titel: »Wie Klein-Tolstoi das Schlafengehen aufschieben wollte, indem er seine Mutter ein viel dickeres Buch lesen ließ«.

Eine Zeit lang war Geschichte mit zwei fügsamen Mädchen unterwegs, die sie gern herumkommandierte; mit dreizehn aber wurden Kunst & Poesie in der Gegenwart von Jungs unberechenbar. Geschichte verzog sich beleidigt vor den Fernseher – meistens Sitcoms – & änderte nach einer drastischen Doku über Schlachthäuser den Namen ihres Pferdes von *Erstes Haustier* zu *Leim*. Sie hasste die Schule. Alle 45 Minuten den Stoff wechseln machte sie wahnsinnig. Also hing sie oft im Park rum, rauchte ruhig 100er und sah den Blumen dabei zu, wie sie ihre Köpfe von Westen nach Osten neigten. Die verdächtig herumschlurfenden Charaktere störten sie nicht. Immerhin wussten die, was Flashbacks sind.

(Weeks passed.) Then one day her wristwatch stopped. The watchmaker's was shut so she strode up the hill to the watch factory which ticked & tocked on a hill above town. Even as she turned the doorknob she sensed a plot twist coming on. There, before her, on thin silver legs, was the most beautiful structure she had ever seen: an assembly line with, bless it, a definite beginning, middle & end. It even came complete with a hero (the foreperson) & villain (a slow woman whose hands shook as she slipped the tiny gold second hand over the minute & hour hands, while watches piled up at her station). Narrative & the foreperson rolled their eyes simultaneously. He hired her on the spot & gave her the delightful job of welding the finished watches shut. Of course she fell for the foreperson. Of course theirs was a storybook romance—he too hated modern dance, loved layercake, knew just the setting she'd want for her wedding ring. In time they had a child whom they named Memoir, a baby girl who somehow seemed to be taking notes from the first moment her mouth clamped onto Narrative's nipple.

(Wochen vergingen.) Eines Tages blieb ihre Armbanduhr stehen. Der Uhrmacher hatte geschlossen, also lief sie mit großen Schritten zur Uhrenfabrik, die auf einem Hügel über der Stadt tickte & tackte. Schon als sie den Türknauf drehte, spürte sie die bevorstehende Wendung. Vor ihr stand, auf dünnen Silberbeinen, die schönste Struktur, die sie je gesehen hatte: ein Fließband mit, gütiger Gott, definiertem Anfang, Mitte & Ende. Es gab sogar einen Helden (den Vorarbeiter) und einen Schurken (die langsame Frau, deren zitternde Finger den winzigen goldenen Sekundenzeiger über den anderen Zeigern anbrachten, während sich an ihrer Station die Uhren stapelten). Geschichte und der Vorarbeiter verdrehten gleichzeitig die Augen. Er gab ihr sofort eine Stelle; jetzt war es ihr herrlicher Job, fertige Uhren zu verschweißen. Natürlich verguckte sie sich in den Vorarbeiter. Natürlich war's eine Bilderbuchliebe – auch er hasste Ausdruckstanz, liebte Schichtkuchen & wusste, welche Fassung ihr beim Hochzeitsring gefiel. Bald bekamen sie ein Kind, das sie Memoiren nannten, ein Mädchen, das scheinbar vom ersten Moment an, da sie an Geschichtes Brust nuckelte, Notizen machte.

TEMPORARY FAMILY

Sister tries out her tantrum. It requires a hamster and ends with a trill and five fading sobs. Auntie teeters towards the mantelpiece. Dad is on the faux-phone with a friend. No one's speaking to him because last time he kept cornering the client for unscripted fatherly chats. Mom snips at a streamer with her pinking shears. Maybe *this* time it'll be a birthday. When the buzzer finally goes off, it's one last shot for Auntie. They grab the props from the basket by the door—the sweater knitted just far enough that it could be for anybody of any size, a broken china dog to blame on Brother. They leave Monopoly behind because someone's stolen all the little green houses, leaving only the red hotels. In the van, they read the girl's file, memorize their personalities. Grandma's trying dementia this time around so there's nothing new she needs to know. The front door opens. The family swarms the orphan.

TEMPORÄRE FAMILIE

Schwester probt ihren Trotzanfall. Der fängt mit einem Hamster an und endet in einem Triller, gefolgt von fünf schwachen Schluchzern. Tantchen torkelt zum Kamin. Papa hängt am Fakefon mit einem Freund. Niemand redet mit ihm, weil er beim letzten Mal den Klienten durch ungeprobten Vaterschwatz verschreckte. Mama schnippelt mit ihrer Zickzackschere Girlanden. Vielleicht wird's ja *diesmal* ein Geburtstag. Als die Klingel endlich schrillt, gönnt sich Tantchen einen letzten Schluck. Sie greifen sich die Requisiten aus dem Korb an der Tür – den nur halb gestrickten Pullover, der für jeden in jeder Größe bestimmt sein könnte, den kaputten Porzellanhund, an dem immer Bruder schuld ist. Das Monopoly bleibt hier; jemand hat alle grünen Häuschen gestohlen und nur die roten Hotels übrig gelassen. Im Auto lesen sie die Akte des kleinen Mädchens und lernen ihre Charaktere auswendig. Omi probiert diesmal Demenz, also muss sie sich nichts weiter merken. Die Haustür geht auf. Die Familie umringt die Waise.

DINNA' PIG

Members of the Family rarely spoke to each other, but when they did, they studied each other's throats. The youngest grabbed a pitchfork for protection long before she learned to walk and when she did learn to walk she didn't put the pitchfork down. Pa found the pig in a stall at market breathing heavily behind a sheet of corrugated tin. He felt something welling up inside him—love—and spat it onto the tin where it glistened like a chrysalis. That didn't get rid of the feeling so he brought the pig home. Ma gave Dinna' Pig his name so that no-one would forget where that pig was headed. She liked to call a spade a spade, hence her children: Mistake, Mistake 2 and Goddammit. Dinna' Pig wasn't particularly lovable; he didn't run to the side of his pen oinking sweetly when he saw a family member. He wasn't clean or smart. He sat in his shit and liked it. Goddammit thought she'd once seen him nose his own reflection in her shiny rubber boot, but she couldn't be sure. In any other farmyard, love would have slid off Dinna' Pig's oily hair, seeped from his watery eyes, bounced off the coil of his tail and landed on something fluffier. But the Family couldn't help itself—their love was stirred into the gray slop he was fed daily. It got in under his trotters, shone in the handle of the shovel they used to shovel his shit. Late one night Mistake rammed some love up Dinna' Pig's puckered little asshole. Goddammit, who'd been clutching her pitchfork in sleep, suddenly hurled it across the room. She was having a beautiful dream. It was Sunday dinner and she was the only one at the table cramming handfuls of love into her enormous mouth.

SÜLZSCHWEIN

Die Mitglieder dieser Familie redeten kaum miteinander, falls doch, starrten sie einander auf die Kehle. Die Jüngste griff, lange bevor sie laufen konnte, sicherheitshalber nach einer Heugabel; als sie laufen konnte, ließ sie die Heugabel nicht mehr los. Papa fand das Schwein auf dem Markt, es atmete schwer hinter einem Wellblechfetzen. Papa fühlte etwas in sich aufwallen – Liebe – und spuckte es aufs Blech, wo es glänzte wie eine Larve. Das Gefühl aber blieb, und so nahm er das Schwein mit nach Haus. Mama nannte es Sülzschwein, damit niemand vergaß, wofür es bestimmt war. Sie nannte die Dinge gern beim Namen, auch ihre Kinder: Fehler, Fehler 2 und Verdammich. Sülzschwein war nicht besonders reizend; es rannte nicht süß oinkend an sein Pferchgitter, wenn es ein Familienmitglied sah. Es war weder sauber noch smart, es saß in seinem Scheiß und hatte Spaß dabei. Verdammich dachte, sie hätte einmal gesehen, wie es sein eigenes Spiegelbild in ihrem Gummistiefel anstupste, aber sie konnte sich da irren. Auf jeder anderen Farm wäre die Liebe an Sülzschweins schmierigem Haar abgeglitten, aus seinen wässrigen Augen gelaufen, von seinem Schwanzkringel gesprungen und auf etwas Flauschigerem gelandet. Aber diese Familie konnte nicht anders – ihre Liebe war in das graue Geschlabber gemischt, mit dem sie das Schwein täglich fütterten; sie glitt unter seine Hufe, schimmerte im Griff der Schaufel, mit der sie seinen Mist schippten. Eines Nachts rammte Fehler sogar ein bisschen Liebe in Sülzschweins faltiges, kleines Arschloch. Verdammich, die ihre Mistgabel im Schlaf umklammert hielt, schleuderte sie plötzlich quer durchs Zimmer. Sie hatte einen wunderschönen Traum. Es war Sonntag, sie saß als Einzige am Tisch und stopfte sich Hände voll Liebe in ihren riesigen Mund.

LIMELIGHT MEMORANDUM

Machines are no longer
slowly combing the red earth.

There is no one left to explain
the cones in my eyes to me.

I have been given my sentence
& it is not a long one

though it does include the word
quintessential which pleases me.

Accordingly, I am no relation
to the sky but to the mechanical

dragon wrapped in tissue paper
with plastic flames poking

through. I never told you
that if I were born a suitcase

I would want a trailer
with red curtains so I could

pretend to be a lion. But being
matter-of-fact is like a meatpie in

the pocket. It is the way to go.

REDE IM RAMPENLICHT

Langsame Maschinen kämmen
nicht länger die rote Erde.

Niemand mehr hier, mir die Zäpfchen
in meinen Augen zu erklären.

Man gab mir meinen Spruch
& der ist nicht sehr lang,

obwohl er das Wort *quintessenziell*
enthält, was mich freut.

Folglich hab ich nichts am Hut
mit dem Himmel, sondern

mit dem mechanischen Drachen hier,
seinen Plastikflammen, die flackern

durchs Papier. Was ich dir nie verriet:
Wäre ich ein Koffer, hätte ich gern

einen Waggon mit roten Gardinen,
so könnte ich spielen,

ich sei ein Löwe. Aber ernst sein
ist wie eine Stullenbüchse

in der Tasche. Anders läuft es nicht.

WAITRESSING IN THE ROOM WITH A THOUSAND MOONS

is difficult at best. The moons desperately want to circle something, so when a dish comes out, they dive-bomb it, bump into each other and a dusting of moon-rock falls into the food. They know the plate won't be a planet. We've been here for centuries and not once has a planet come in. I guess they do it just-in-case. Having lived most of their lives too close to everything, their sense of perspective is poor. A plate of dumplings can start to look like a solar system. Lately the moons seem to be losing hope. They're just going through the motions and their waning is way more convincing than their waxing. They no longer swarm around each swirl of steam. A red smear signals *ketchup*, not *Mars*. The food is not very good, but people keep coming. Some come with nets to sieve the sky for the tiniest butterfly-sized moons. Security is good, though—no moon has ever been smuggled out. And most of the diners look up the whole time, which makes it easy to get their attention when we recite the specials. We, the waitstaff, are waiting for the day when we come into the restaurant and find the moons circling another moon. Below them, we endlessly orbit the tables. Our leader has left us too.

KELLNERN IM TAUSEND-MOND-LOKAL

ist bestenfalls schwierig. Die Monde wollen sich partout um etwas drehen – wenn ein Teller rauskommt, peilen sie ihn im Sturzflug an und purzeln ineinander, bis feiner Staub aus Mondstein ins Essen fällt. Sie wissen, ein Gericht ist kein Gestirn. Wir sind seit Jahrhunderten hier und noch nie ist ein Gestirn vorbeigekommen. Ich denke, sie wollen einfach sichergehen. Weil sie ihr ganzes Leben damit verbringen, allem zu nah zu sein, ist ihr Sinn für Proportionen begrenzt. Ein Teller voll Klöße sieht dann aus wie ein Sonnensystem. Seit kurzem scheint die Hoffnung der Monde zu schwinden. Sie durchlaufen einfach ihre Phasen, ihr Verblassen ist viel glaubhafter als ihr Wachsen. Sie umschwärmen nicht mehr jeden beliebigen Schaumwirbel. Ein roter Spritzer heißt *Ketchup*, nicht *Mars*. Obwohl das Essen wirklich nicht gut ist, kommen immer Leute. Manche bringen Netze mit, um den Himmel nach winzigen, schmetterlingsgroßen Monden abzufischen. Natürlich ist alles gut bewacht, noch nie wurde ein Mond rausgeschmuggelt. Die meisten Gäste schauen die ganze Zeit nach oben, das macht es für uns einfacher, wenn wir die Angebote runterbeten. Wir, die Kellner, warten auf den Tag, an dem wir ins Restaurant kommen und die Monde einen anderen Mond umrunden. Unter ihnen kreisen wir endlos um die Tische. Auch wir haben unseren Anführer verloren.

WE SAT IN THEM, WE SIT IN THEM STILL

The park circles didn't fall to the ground with tiny thuds in the night like cherries. They didn't click on like girlscouts' flashlights at the sound of a coyote. They didn't work their way up through the ground like nails in an old wood floor or those mechanical platforms sequined singers climb onto below stage and then rise up on into the spotlights. We didn't think they had been there all along, like foxholes, just waiting for us to put a foot through. We tried to think of them as we did manholes—necessary interruptions in the tarmac—but they invited inspection. One park circle had a bench in it. Another was home to an aggressively friendly squirrel. Another was just a circle of grass with a sign, DO NOT WALK ON GRASS. The flowers in another did not resemble a clump of microphones. We didn't stop to consider where they came from—whether there was a park in some other dimension defined by its absences like a sheet of dough after you've cut out as many cookies as you can. When the first two appeared it *might* have been like that moment when Adam first opened his eyes, but this was before similes, before metaphors. First he would have to name every last thing in that garden, and then, only then, could he point to one thing—orchid—then another—hummingbird—and the silver threads of likeness would start to pull everything closer together. We liked the park circles because they resisted comparison. They were the one place we could be alone.

WIR SASSEN IN IHNEN, WIR SITZEN IMMER NOCH DRIN

Die Parkkringel fielen nicht eines Nachts mit zierlicher Wucht auf die Erde wie Kirschen. Sie klicken nicht einfach an wie die Taschenlampen von Pfadfinderinnen, wenn sich ein Kojote nähert. Sie arbeiteten sich nicht durch den Boden nach oben wie Nägel in alten Dielen oder jene mechanischen Podeste unter der Bühne, die mit adretten Paillettendamen ins Rampenlicht schweben. Wir dachten nicht, dass sie die ganze Zeit schon da gewesen waren, wie Fuchslöcher, die nur auf unseren Fuß warteten. Wir versuchten, sie als Gullideckel zu denken, als notwendige Lücken im Asphalt, aber sie riefen nach eingehender Prüfung. Ein Parkkringel hatte eine Bank. In einem anderen lebte ein aufdringlich freundliches Eichhörnchen. Ein anderer war bloß ein Graskringel mit Schild: BETRETEN VERBOTEN. Die Blumen in einem anderen sahen nicht aus wie ein Mikrofonstrauß. Wir überlegten nicht lange, woher sie kamen – ob es da einen Park gab in einer anderen Dimension, definiert durch Abwesenheiten, wie eine Teigfläche, aus der man so viele Kekse wie möglich ausgestanzt hat. Als die ersten zwei auftauchten, war es *vielleicht* wie der Moment, in dem Adam seine Augen öffnet, aber das war vor den Gleichnissen, vor den Metaphern. Zuerst müsste er alles im Garten einzeln benennen, danach, erst danach, könnte er auf ein Ding deuten – Orchidee, ein anderes – Kolibri, und die Silberfäden der Ähnlichkeit würden endlich alles näher verbinden. Wir mochten die Parkkringel, weil sie sich Vergleichen widersetzten. Sie waren unsere einzige Möglichkeit, allein zu sein.

VI

TERROR OF THE FUTURE

TERROR OF THE FUTURE

TERROR OF THE FUTURE / 1

If you had a talent for tealeaves,
we put you in a tent and charged
admission. Outside, people with syringes
in their arms swayed sleepily in the summer wind.
The shoe trees at home would preserve
our foot-shapes. Dried skim milk had an excellent
shelflife and the safe was rustproof, so we
scattered—made the rounds of hotels,
ordered room service and tried not to recollect
our children's quizzical looks as we showed them
the jar of quarters then locked the front door.
The polls showed no one wanted to proceed
alphabetically anymore. We were pioneers,
and we thought we might make our way back
to paradise if we spoke in the past perfect
tense. Quick as a nod, it was October
and the nectar was gone. The myocardiograph
measured our heartache and it was more
than the manuals said we could manage.
We positioned the lightship near the lemming cliff
and waited. I put on my kickpleat skirt
(best for jumping) and walked along the isthmus
looking at the icy waves. Others decided
it was high time to hike the Himalayas.
For the first time, there was goodwill
in the goldfields, across the globe.
Then the last gasps in the garage.

TERROR OF THE FUTURE / 1

Falls du ein Talent für Teesatz hattest,
steckten wir dich in ein Zelt und nahmen
Eintritt. Draußen schwankten Leute
mit Spritzen im Arm schläfrig im Sommerwind.
Die Schuhspanner zu Hause bewahrten
unsere Fußspuren. Sahnepulver war super
lange haltbar, der Safe aus rostfreiem Stahl,
also verstreuten wir uns – hausten in Raststätten,
nervten Rezeptionisten, radierten die Erinnerung
an unsere Kinder aus, ihre ratlosen Blicke, als wir
ihnen Quarzuhr & Spardose gaben, und gingen.
Die Prognosen zeigten, dass niemand mehr
alphabetisch vorgehen wollte. Wir waren Pioniere
und meinten, der Weg zurück ins Paradies
führe vielleicht übers Plusquamperfekt.
Rasch wie ein Nicken kam Oktober
und der Nektar verschwand. Der Myokardiograf
maß unser Herzeleid, es war größer,
als uns laut Lehrbuch zuzumuten war.
Das Leuchtschiff lotsten wir zum Lemmingkliff
und warteten. Ich trug mein Kräuselkleid
(immer sprungbereit), joggte an die Inselspitze
und blickte innig ins kalte Wasser. Andere
entschieden, es sei höchste Zeit für den Himalaya.
Zum ersten Mal gab es Großzügigkeit
auf den Goldfeldern rund um den Globus.
Dann die letzten Japser in der Garage.

TERROR OF THE FUTURE / 2

A stickpin stirred in our stomachs.
When there was standing room only
we tended to get out our soapboxes.
Was it small-minded of us to want to siphon
off some sidelight from the castle?
The regime's shaved heads felt like sateen
and their salutes shot through us like good rum.
There was something remorseless about
cordoning off the red carpet with red tape.
Were they red for the wrong reason?
Not in a quadrillion years had we imagined
anyone would want proof of our prowess.
It was premodern, like the pulley.
We had portals to the future in the poolhall.
We had nuclei printed on our notepaper.
And still the night effect produced murmurs
amongst the National Guard. They didn't like
mousing about while meltwater slid like mineral oil
down the mountains. The magic lantern lurched.
We'd extracted "kingdom come" from something longer
while the original incubated in our hearts.
Even after hours of swinging back and forth
on the horizontal bars, our history stayed hooded.
We were just a gumdrop on the grid.

TERROR OF THE FUTURE / 2

Splitter sirrten in unseren Sternums.
Wenn es nur noch Stehplätze gab,
packten wir meist unsere Seifenkisten aus.
War es spießig, wenn wir etwas Streiflicht
vom Schloss abschöpfen wollten? Die Salven
des Regimes schossen durch uns wie guter Rum,
ihre rasierten Köpfe fühlten sich an wie Satin.
Es lag eine gewisse Rohheit darin,
den roten Teppich mit rotem Band abzusperren.
Waren beide aus den falschen Gründen rot?
Nicht in einer Quadrillion Jahren hätten wir erwartet,
dass man an unserer Potenz zweifeln würde.
Das war doch prämodern, wie eine Pumpe.
Wir hatten Zukunftspforten auf Parkdecks.
Wir hatten mit Nuklei bedrucktes Notizpapier.
Der Nachteffekt rief trotzdem noch Murren hervor
in der Nationalgarde. Sie wollten nicht länger
Müll aufsammeln, während Märzwasser die Massive
hinabrann wie Mineralöl. Die Laterna Magica kippelte.
Wir hatten »… Königreich komme« aus etwas Längerem
exzerpiert; das Original inkubierte in unseren Herzen.
Selbst nach stundenlangem Hin-und-Her-Schwingen
an horizontalen Stangen blieb unsere Geschichte gesichtslos.
Wir waren bloß die Gummibären im Getriebe.

TERROR OF THE FUTURE / 3

Our first protests were tentative:
we tapped on their taillights with teaspoons,
cut down all the swings the night before
the Festival of the Children. We didn't know
how far their patience would stretch and
we needed our applications to stay in the stack
on the spokeswoman's desk. O to be
a Somebody. O to have a hearth and not
a smudge pot. To their faces we called them
Sir and Ma'am without a trace of shame.
One Saturday they had a pig roast. Through
the binoculars, the pig looked positively rococo
with its curls of singed flesh, its glazed snout.
We stood on the ridge and sniffed—hundreds
of us—and I thought perhaps their faces reddened
but it might have been the firelight. Proclamations
about *poultry in every household's pot* were as far
in the past as peacetime. The invalids held one-
legged races to which we wore outlandish hats
and dresses out of old organdy. We didn't have any medals
for our muddy mortals but a gang of girls rewarded
the winners with blowjobs in the alleyway behind
the mall despite the magistrate's admonitions.
Near the lending library, I found a key under a gumtree.
I carried it around with me. Someone's home was a goner.

TERROR OF THE FUTURE / 3

Unsere ersten Proteste waren tastend:
Wir trommelten mit Teelöffeln auf ihren Tank,
sägten in der Nacht vor dem Kinderfest
alle Schaukeln ab. Wir wussten nicht,
wie lang sie passiv bleiben würden,
wollten unsere Anträge weiter in dem Stapel
auf dem Schreibtisch der Sprecherin wissen. Oh
wie sie zu sein. Oh einen Herd zu haben, keine
Kochnische. Wenn wir ihnen gegenüberstanden,
nannten wir sie schamlos Sir und Ma'am.
Eines Samstags gab es Schwein am Spieß. Durchs
Fernglas sah das Schwein korrekt wie Rokoko aus:
angesengte Fleischlocken, glasierte Schnauze.
Wir standen am Rand und rochen das – wir waren
Hunderte – und ich dachte, ihre Gesichter erröteten,
aber es war wohl nur das Feuer. Proklamationen wie
Puten für alle Pfannen klangen so prähistorisch
wie Frieden. Die Invaliden organisierten ein-
beinige Rennen, wir trugen die obligaten Hüte dazu
und Kleider aus Omas Organdy. Wir hatten keine Medaillen
für unsere moddrigen Mitläufer, aber eine Mädchengang
belohnte die Gewinner mit Blowjobs in der Gasse
hinterm Multiplex, trotz der Mahnungen des Magistrats.
Vor der Leihbibliothek fand ich einen Schlüssel, unterm Gummibaum.
Ich trug ihn mit mir rum. Jemandes Heim war Geschichte.

TERROR OF THE FUTURE / 4

You had to win the sweepstakes
to get a survival kit. Some of the smarter
Sunday painters kept suet and Saran Wrap
stowed amongst their stencils. My sponsor
disappeared with nary a splash. I didn't speculate.
I said he was "snowed under." All we ever did
together was play "Simon Says" and try to outrun
our shadows. It was a rotten routine and I'm not
going to romanticize it. I wouldn't have put ribbons
on his wreath but I was hoping to qualify for
the preharvest and a few jars of preserves.
In the meantime I sent my remaining relatives
postcards with phoenixes on the front.
No need to be a pessimist and think about
the family plot. Yes, the panic-stricken and pain-ridden
continued to dive into the Pacific, but one
could get overstimulated thinking about it.
I was no onlooker. I went shopping for
a new look. I studied myths. I even invented
a motto for myself: Never Say Mayday
While There's Still Marzipan. When I was feeling
low-spirited, it helped to think of the lion
who was being given only lichen to eat.
The lily-livered wouldn't look through the lens.
I looked and saw that the scientists
in the laboratory were looking for keywords
in the Judgment Book, still hadn't jettisoned
that piece of junk. It was time to make a home
in the hedge and try not to hear the gunshots.
So what if the grass was really green glass?

TERROR OF THE FUTURE / 4

Man musste die Superzahl ziehen,
um ein Survival-Kit zu kriegen. Einige smartere
Sonntagsmaler lagerten Schmalz und Silberfolie
bei ihren Schablonen. Mein Sponsor war
in aller Stille verschwunden. Ich spekulierte nicht.
Ich sagte »eingeschneit«. Wir hatten zusammen
immer nur »Schiffe versenken« gespielt und versucht,
schneller zu rennen als unsere Schatten. Eine räudige
Routine. Ich will das nicht romantisieren. Ich hätte ihm
Rosen aufs Grab gelegt, aber ich hoffte, mich für
die Obsternte und extra Proviant zu qualifizieren.
In der Zwischenzeit sandte ich Postkarten
mit Phönix-Motiven an den Rest meiner Sippe.
Nur nicht pessimistisch werden und jetzt
ans Familiengrab denken. Zwar sprangen die Panischen
und Gepeinigten weiterhin in den Pazifik,
aber man konnte auch zu oft daran denken.
Ich wollte nicht ohnmächtig sein. Ich ging lieber
mächtig shoppen. Ich studierte Mythen. Ich fand
sogar ein neues Motto für mich: *Sag nie Mayday,
solange es noch Marzipan gibt.* Wenn ich mich
lädiert fühlte, half es, an den Löwen zu denken,
dem man nur Lebermoos zu fressen gab.
Die Labilen wollten nicht durch die Linse schauen.
Ich tat es, sah Laborwissenschaftler
die Johannesoffenbarung nach neuen Kennwörtern
durchsuchen – sie hatten das Jammerding
noch immer nicht entsorgt. Es war Zeit, ein Haus
in der Hecke zu bauen, die Geschosse zu ignorieren.
Das Gras war eigentlich Grünglas, aber wen stört's?

TERROR OF THE FUTURE / 5

Technically, "lonely me" was a tautology.
No one had ever stuffed carnations
in my tailpipe or planted a symbolic
lipsticked kiss on the swingdoor
to my kitchen. When you appeared,
I knew I was in a race against the sun
before they took you away on a stretcher.
I spruced up the counters with spit
and a sponge—I wiped my slot machine
mouth clean. I shut the door, locked it.
I shouldn't have—you were just here
to shop—but I was way past worrying
about the seven deadly sins. In the show
about the sea lion and natural selection,
he got scratches from his lover too. Even
in rope restraints, you were a scorcher, sweetie.
The radio said we needed to repeople.
I should have given you a running start;
I gave you roses. I persevered—I professed
the principles of capillary attraction,
made you a plaster-of-Paris statue of a peacock,
wrote hundreds of haiku. The odds on you
loving me were a thousand to one, but there you were:
nibbling my toes in your nightshirt,
kissing me on the mouth in the mudroom.
My chest felt like it had undergone mitosis,
it ached so. I marveled at the maple syrup moon—
it had a luster unlike any linoleum.
We watched the lake breeze lift the leaves
through the keyhole. Inventory was low
and we were out of holy oil. Helicopters
landed on the hospital roof
every hour then every half hour.

TERROR OF THE FUTURE / 5

Technisch gesehen war »einsames Ich«
eine Tautologie. Niemand hatte mir je Nelken
in den Tank gesteckt oder symbolische
Lippenstift-Lippen auf die Schwingtür
zur Küche gedrückt. Als du auftauchtest,
wusste ich, dass ich gegen die Zeit spielte,
bis dich die Sanitäter forttragen würden.
Ich schrubbte die Regale mit Spucke und
Schwamm – spülte meinen Glücksspielmund
wund. Ich schloss die Tür, verschloss sie.
Das war nicht nett von mir – du warst ja nur
zum Shoppen hier –, aber die sieben Todsünden
waren mir schon lange egal. In der Sendung
über den Seelöwen und natürliche Selektion
verpasste ihm sein Schatz auch Kratzer.
Sogar in Schnüren warst du eine Sensation, Süße.
Das Radio sagte, wir müssen uns vermehren.
Ich hätte dich ruckzuck rannehmen sollen;
ich gab dir Rosen. Ich harrte aus – propagierte
die Prinzipien kapillarer Anziehung,
baute eine Pfauenstatue aus Gips,
schrieb hunderte Haikus. Es war ohne Zweifel klar,
dass du mich nicht lieben würdest, aber du bliebst:
Nuckeltest im Nachthemd an meinen Zehen,
küsstest mich im Musikzimmer auf den Mund.
Mein Herz fühlte sich an wie nach Mitose,
es schmerzte so. Ich lobte den Melassemond –
er leuchtete wie sonst kein Linoleum.
Durchs Schlüsselloch sahen wir, wie
ein Lüftchen das Laub aufwirbelte. Unser Inventar
schrumpfte, unser heiliges Öl war alle. Helikopter
landeten auf dem Dach der Heilanstalt,
erst jede volle Stunde, dann jede halbe.

TERROR OF THE FUTURE / 6

The swallows formed subtitles for the clouds.
Sometimes you read them out loud to me:
The superexaminer will smell like sulfur,
a statement no less ominous than the stone lily
we stumbled across in the garden, stricken
there by some aggressive stare. When you wore
stilettos (you always wore stilettos), steady-going
was out of the question. As stammer is to
statement so was your wobbling to walking.
Like everything else, the sponging house
by the shore was swathed in smaze and hard
to find, but once there you could watch
through the window as sailors soaped off
their shipworms and schemed about getting back
out to sea. I thought that might be an idea
for you and me, but you, who hated a parade
and loved a recession, wanted to watch the tide go out
without us. One morning, I found you crying over
the blender—you'd read "pulse" as "repulse."
After that, you started hiding pennies in the playhouse
sheltered by the parentheses of spruce trees,
as if *that* constituted a plan. I followed all your directions—
to the North River where there were no fish, then back
to the near-point, where ophthalmologically speaking
you could best keep an eye on me.

TERROR OF THE FUTURE / 6

Schwalben waren Untertitel für die
Wolken. Du last sie mir sporadisch vor:
Der Superprüfer wird nach Schwefel stinken,
ein Statement, das nicht weniger ominös war
als die Steinlilie, über die wir im Garten stolperten
wie Opfer eines aggressiven Glotzers. Wenn du
Stöckelschuhe trugst (so gut wie immer), stand
Stabilität außer Frage. Wie Stottern zu Statement
verhielt sich dein Straucheln zu Laufen.
Die Sauna im Strandbad war, wie alles andere,
in Smog und Dunst verschwunden, schwer
zu finden; einmal dort, konntest du durchs Fenster
Seefahrer sehen, die ihre Schiffswürmer abseiften
und Pläne schmiedeten für die Rückkehr
zur See. Ich dachte, das könnte was sein
für uns beide, aber du hasstest Paraden,
liebtest Rezessionen und wolltest die Ebbe ohne uns
fortrollen sehen. Eines Morgens fand ich dich weinend
überm Mixer – du hattest »pürieren« als »parieren« gelesen.
Danach fingst du an, Pennys in der Puppenstube
zu verstecken, die im Schatten der Pappeln stand,
als ob *das* schon ein Plan wäre. Ich folgte all deinen Anweisungen –
zum Nordfluss, in dem es null Fische gab, dann zurück
zum Nahpunkt, wo du mich, ophthalmologisch gesprochen,
am besten im Auge behalten konntest.

TERROR OF THE FUTURE / 7

We both suffered from telesthesia,
how we disconnected our circuit boards
differed. Me: tall drinks in tankards. You:
endless rereadings of *The Sun Also Rises*.
The stretcher-bearers headed south—
who knows why—but they skedaddled,
and the sudden silence in the sidestreets
was like a shade pulled down over a view
we hadn't liked to begin with. I tuned my scanner
to the rumor-mill. Someone resigned.
It barely registered: everyone rose in rank
accordingly, like the reflex that lives in your knee.
Rangers kept pruning the trees, on principle,
pretending our predicament was temporary.
I collected plastic, melted it down, made myself
a nightstick, never mind that even my embryonic
mid-brain knew no one would come near me
but you. When the mail came, we still ran like mad
to get it. We read job descriptions out loud
to one another, *king, keyman,* until our jaws ached,
then added the circulars to the fire and watched
the ashes float off over the lake. I wrote your
initials everywhere (on each step of the stairs)
until you informed me you'd changed
your name and got out your India rubber.
When had you gone incognito on me?

TERROR OF THE FUTURE / 7

Wir litten beide unter Teleästhesie,
der Unterschied war, wie wir unsere
Leiterplatten abschalteten. Ich: Tequila aus Tassen.
Du: endloses Wiederlesen von *The Sun Also Rises.*
Die Sanitäter brachen Richtung Süden auf –
wer weiß, warum –, sie stürmten so laut davon,
dass die plötzliche Stille in den Seitenstraßen
wie ein Rollo war, das vor eine Aussicht fiel,
die wir sowieso nie gemocht hatten. Ich richtete meinen
Radar auf die Gerüchteküche. Jemand ging in Rente.
Es wurde kaum registriert: Alle rückten automatisch
höher im System, wie der Reflex beim Kniephänomen.
Die Ranger stutzten aus Prinzip weiterhin Bäume,
taten so, als säßen wir nur temporär in der Patsche.
Ich sammelte Plastik, schmolz es, machte mir daraus
ein Ninjaschwert, obwohl selbst mein embryonisches
Mittelhirn wusste, dass sich mir niemand nähern würde –
außer dir. Wenn Post kam, freuten wir uns immer noch
wie meschugge. Wir lasen uns Jobanzeigen vor,
König, Kornmäher, bis unsere Kiefer schmerzten,
warfen die Blätter ins Feuer und sahen der Asche nach,
die übers Land flog, fort. Ich kritzelte deine
Initialen überallhin (auf jede Treppenstufe),
bis du interveniertest: Du hattest deinen Namen
geändert, du holtest den Radiergummi raus.
Seit wann kamst du mir so inkognito?

TERROR OF THE FUTURE / 8

Your breath was sweet like swamp azaleas.
You weren't going to survive this—none of us
were—but who had signed me up to stroke your hand
while the stratocumulus gathered sullenly in the sky?
S.O.S., I repeated quietly as I made you a soft-boiled egg
then carried it upstairs in slow-motion along with a glass
with the last of the sherry. *Saturday night special!*
I announced, trying to look sanguine. I had a vase
but no rose. That night, there was no one
at the rendezvous point, I checked. I'd been reluctant
to go myself. The sunset was like a protractor laid
on the horizon line and the powder that fell
from the planes made point lace of the tarmac.
We were at that part of the plot line where
the planchette swiftly spells out PHAETHON
on the ouija board. Not what I'd pick, given
the choice, though I don't believe in open sesames
into the next world anyway. In the olden days
it would have been time for that last dance number.
Instead here I was feeding you narcotics
and trimming your nails. Your horoscope read:
You have an infectious smile. Mine said:
Check the glove compartment.

TERROR OF THE FUTURE / 8

Dein Atem war süß wie Sumpfazaleen.
Du würdest das nicht überstehen – keiner
von uns –, doch warum musste ich hier deine Hand tätscheln,
während am Himmel schroffe Schichtwolken wuchsen?
SOS, wiederholte ich leise, briet dir ein Spiegelei
und trug es in Zeitlupe herauf, ein Glas dazu,
der letzte Sherryrest. *Samstag-Spezialmenü!*
rief ich, möglichst sanguin. Ich hatte eine Vase,
keine Rose. In dieser Nacht, ich überprüfte das,
kam niemand zum Rendezvous. Ich ging selbst
relativ ungern hin. Die Abendsonne zerlief parallel
zum Horizont, das Pulver aus den Flugzeugen
puderzuckerte die Rollbahnen. Wir waren
in der Prosa an jenem Punkt, wo die Planchette
rasend schnell PHAETON aufs Ouija-Brett diktiert.
Nicht meine Präferenz, bei dieser Auswahl,
obwohl ich an Sesam-Öffne-Dich in andere Welten
ohnehin nicht glaube. Zu Omas Zeiten
wäre jetzt der Moment für den letzten Tanz gekommen.
Stattdessen fütterte ich dich mit Narkotika,
kürzte deine Nägel. Dein Horoskop sagte:
Ihr Lachen ist infektiös. Meines sagte:
Schauen Sie ins Handschuhfach.

TERROR OF THE FUTURE / 9

The teacups tied to strings along the walkway
stayed silent, had no warning songs to sing.
We shook talc onto our tastebuds
and watched the skyrockets, starry-eyed,
until night blacked them out like a giant
malevolent Sharpie. Scouts gathered
in the square and surveyed the Room
For Rent signs. In this and only this did we have
supply and no demand. It was a long time
since anyone had felt a quiver on the railroad.
We argued timetables, regardless,
(I was just glad you were speaking to me).
You wanted to go to the provinces.
I wanted to see the palace. Of course,
given the state of the ozone, we weren't
going anywhere. We weren't outdoorsy
anyway. Our anoraks were moth-eaten
for a reason. You said, *I am morose, a new kind
of rose.* I pointed hopefully at my foot and said
mistletoe? No. You wouldn't get within a meter
of me. Later, when your lungs filled with liquid,
you might have said *love*, you might have said *leave*.
I said *I love you too* and left the room.
There was no ice storm, no helicoptered-in help,
no Hollywood ending. Just a gasp and then
no more you, which meant the end of me too.

TERROR OF THE FUTURE / 9

Die aufgehängten Teetassen vor der Terrasse
klangen nicht mehr, sangen keine Warnlieder.
Wir streuten Talk auf unsere Zungenspitzen
und sahen sternäugig hinauf zu den Raketen,
bis die Nacht sie schwärzte wie ein riesiger,
sadistischer Edding. Die Späher sammelten sich
an geeigneter Stelle und sondierten die »Zimmer
frei«-Schilder. Davon und nur davon hatten wir
ein starkes Angebot und keine Nachfrage. Lange
hatte niemand mehr die Schienen sirren gehört.
Wir stritten trotzdem über Routen und Zeiten
(ich war quasi froh, dass du mit mir sprachst).
Du wolltest in die Provinz gehen.
Ich wollte den Palast sehen. Obsolet:
Bei diesen Ozonwerten gingen wir
nirgendwohin. Wir waren ohnehin keine
Naturfreaks. Die Motten hatten unsere Anoraks
nicht ohne Grund angefressen. Du sagtest *Ich bin zornig,
eine neue Art dornig.* Ich zeigte auf meine Fistel, sagte
Mistelzweig? Feig. Du würdest nicht näher kommen,
keinen Meter. Viel später, als Wasser in deine Lungen lief,
sagtest du vielleicht *Liebe*, vielleicht *Siebe*.
Ich sagte *Ich liebe dich auch* und ging raus.
Kein Eissturm illustrierte das, kein Helikopter half,
kein Hollywood-Ende. Ein Hüsteln, dann war's aus
mit dir, und das war auch das Ende von mir.

TERROR OF THE FUTURE / 10

Sweetheart, there's no one on the street.
I attached the speakers to the steeple
but even on its loudest setting, the stereo
gets no reaction. If you ask me (ask me,
please), the split screen of the brain
needs a sounding board, doesn't like the only
signals in the skyway to be its own synapses,
doesn't want to go solo in the sandbox.
You're. Not. Breathing. Let's see: memories.
I remember the rocking chair that was always
in the repair shop for liking to rock backward
but not forward. I remember the price
of a pressurized suit. I remember the red ribbon
in your hair. I remember when pandemonium
was possible. O there's no way to nectarize this moment—
it's entirely without sweetness. In just a minute
it'll be match point and of course the world wins.
It's not a matter of life and death, it's life or
death. Here in the grove, after jar after jar
of grain alcohol, the sun looks like a halo,
then a noose. Give me a helping hand,
historian. Help me with that "or."

TERROR OF THE FUTURE / 10

Kein Mensch ist auf der Straße, Süße.
Die Lautsprecher schleppte ich auf die
Turmspitze, aber selbst bei vollem Ton
kommt keine Reaktion. Falls du mich fragst
(frag mich, bitte), sehnt sich der Split Screen
unseres Hirns nach Resonanz, sucht nach Signalen,
die nicht seine eigenen Synapsen senden –
er will nicht solo in den Staub beißen.
Du. Kannst. Nicht. Atmen. Also Plan B: Erinnerungen.
An den Schaukelstuhl, der immer in Reparatur war,
weil er zwar rückwärts schaukeln wollte,
aber nicht vorwärts. An den Preis
eines pneumatischen Anzugs. An die rote Schleife
in deinem Haar. Daran, dass das Pandämonium
einmal möglich war. Man kann diesen Augenblick
nicht nektarisieren – er ist ganz ohne Süße. In nur einer Minute
ist Matchball und natürlich wird die Welt gewinnen. Das ist
keine Sache von Leben und Tod, sondern Leben oder
Tod. Vom Gebüsch aus, nach vielen Litern
Gärungsalkohol, ist die Sonne erst Heiligenschein,
dann Schlinge. Reich mir deine Hand, lieber
Historiker. Hilf mir mit diesem »oder«.

V

BOY THINKS "GIRL".
"BOY" THINKS GIRL.

JUNGE DENKT »MÄDCHEN«.
»JUNGE« DENKT MÄDCHEN.

SENTENCED: THE SUBJECT OBJECTS TO ITS LONG-DISTANCE RELATIONSHIP WITH THE OBJECT

Engine: you|are|Who

I awoke to a nest-scuffle between
Gosling One and Gosling Two.

The doorbell cored a pathway from
outside to in. Either or but not and.

Were you here, I'd say, "what if clouds
looked like planes before planes

looked like clouds" or tell you about
the town in Iceland where a snoet wrote

a snoem on the back of its favorite yak.
Fact is, you're my cake behind glass,

missed kerfuffle in the cloakroom.
Sleep is dreamier—there grasses graze

on sheep and the newspapers run
this headline:
    Boy Thinks "Girl." "Boy" Thinks Girl.

FESTGESETZT: DAS SUBJEKT WIDERSPRICHT
SEINER FERNBEZIEHUNG MIT DEM OBJEKT

Motor: du│bist│Wer

Ich erwachte von einem Nestzwist
zwischen Küken Eins & Küken Zwei.

Die Klingel piekste sich von außen
hinein. Entweder oder aber nicht und.

Wärst du hier, sagte ich »Was, wenn
Wolken aussähen wie Flugzeuge,

bevor Flugzeuge aussahen wie Wolken.«
Oder erzählte dir von der Stadt in Island,

wo ein Schnoet ein Schnoett schrieb
auf dem Nacken seines Lieblingsyaks.

Fakt ist, du bist meine Torte hinter Glas,
verpasster Rabatz in der Garderobe.

Schlaf ist träumiger – dort grasen Gräser
auf Schafen & die Zeitungen haben

folgende Schlagzeile:
  Junge denkt »Mädchen«. »Junge« denkt Mädchen.

ADDRESS TO AN ABSENT FLEA

Reading the sonnet the old way
was impossible once the period

started leaping about. Through
the magnifying glass you seemed

a gadget God, with a suitably
parasitical air. I am trying not

to let making too much of things
become a habit—I read too slowly

already. Little Itch-Ticket whose
menu has only one item on it,

I think it's important to be specific.
I've never felt desire before.

I won't believe that was accidental
syntax. If a pen were a turret to me

I too might wait, nest in a tapestry
& save my stories for some bloodless day,

but please come back from wherever
you've gone. There is so little left.

AN EINEN ABWESENDEN FLOH

Es wurde unmöglich, das Sonett
klassisch zu lesen, als der Punkt

mit dem Rumspringen anfing.
Durch die Lupe sahst du aus

wie ein Spielzeuggott, mit passend
parasitischer Aura. Ich versuche,

keine Elefanten aus Sachen zu machen –
ich lese sowieso schon zu langsam.

Kleiner Kribbelzettel, auf dem
nur ein einziges Stichwort steht,

ich denke, man muss hier genau sein.
Ich habe noch nie begehrt.

Ich glaube, diese Syntax war kein Zufall.
Wäre ein Stift für mich ein hoher Turm –

ich würde auch im Teppich nisten, warten,
meine Geschichten bewahren für blutlose Tage –

aber bitte, komm zurück, wohin du auch
verschwunden bist. So wenig ist geblieben.

THE INVENTION OF LOVE

The cave woman and cave man lie side by side, each head filled with bright images the other can't see. Even when they press their ears or mouths or noses together, the skull wall is still in the way. In one head there is a gazelle staining a pool with its bleeding hoof. In the other, a patchwork of faces and forest fastened together with thorns. They look at each other. Is that a world in the other's brimming eye? No, just the cave reflected, cold and dark and home. They bump globes sadly. The gazelle is fading. The forest is just the forest outside. "I am hungry," one gestures. "I am hungry too," gestures the other.

DIE ERFINDUNG DER LIEBE

Höhlenfrau und Höhlenmann liegen Seit an Seit, beide Köpfe voller lichter Bilder, die der andere nicht sehen kann. Selbst wenn sie Ohren, Münder, Nasen aneinanderreiben, ist die Schädelwand im Weg. Im einen Kopf verdunkelt eine Gazelle mit blutigem Huf den Pfuhl. Im anderen heften Dornen eine Handarbeit aus Dickicht und Gesichtern. Jetzt schauen sie sich an. Ist das eine Welt im Funzelauge des anderen? Nein, nur der Widerschein der Höhle, feucht, finster und vertraut. Traurig kicken sie Globen umher. Die Gazelle ist verblasst. Das Dickicht ist bloß das Dickicht da draußen. »Ich bin hungrig«, macht der eine. »Ich bin auch hungrig«, macht der andere.

THE INVENTION OF FILM

The cave woman throws her berries into the fire. She is tired of berries. They taste not-sweet, not-good. She glowers at the flames. In the fire the berries are beginning to wrinkle. One has a chin, another a grimace like Man in Cave by Stream. One branch of berries starts to glow and the berries begin to swell. One explodes with a loud pop. The cave woman screams and scurries away. Another berry pops. Then another. The cave man peers into the fire. The cave woman creeps back and watches with him until all the berries have popped. She throws another branch on the fire. Take Two. Action.

DIE ERFINDUNG DES FILMS

Höhlenfrau wirft ihre Beeren ins Feuer. Sie hat von Beeren genug, die schmecken nicht-süß, nicht-gut. Sie starrt finster in die Flammen. Im Feuer schrumpeln die Beeren vor sich hin, eine mit Kinn, die andere mit Grinsen wie Typ-von-Höhle-am-Fluss. Ein Beerenzweig beginnt zu glühen und die Beeren schwellen an. Eine platzt mit lautem Knall. Höhlenfrau eilt kreischend davon. Noch eine platzt. Und noch eine. Höhlenmann sieht in die Flammen. Höhlenfrau kriecht zurück und schaut mit ihm gemeinsam zu, wie alle Beeren platzen. Sie wirft einen neuen Zweig ins Feuer. Klappe, die zweite. Kamera ab.

LIFE-SIZE IS WHAT WE ARE
(A NEW HISTORY OF PHOTOGRAPHY)

Selflessly the self gave it all away.
Pin all yr hopes, lay all yr love, etc.

Which means the fish that live
in a plastic bag think the edges

of the world pucker. It's one thing to
make an image. It's two things to find one.

Why weren't we mindful of the lady
behind the makeup counter, calling,

"Come here honey, let me give you
some eyes"? The laws were sunsetting.

One puff of smoke rose in the minefield.
People dragged their shadows along.

I'm here to tell you that you're not.
Surprise, darling, surprise.

LEBENSGROSS IST WAS WIR SIND
(EINE NEUE GESCHICHTE DER FOTOGRAFIE)

Selbstlos gab das Selbst alles hin.
Setz deine Hoffnung, deine Liebe usw.

Will heißen, Fische in einer Plastiktüte
denken, dass die Ränder der Welt

sich kräuseln. Es ist eine Sache, ein Bild
zu machen. Es zu finden, sind schon zwei.

Warum hörten wir nicht auf die Dame
hinterm Kosmetikstand und wie sie rief

»Komm her, Süße, ich werd dir Augen
machen?« Gesetze liefen aus.

Eine Rauchwolke hing überm Minenfeld.
Menschen zogen ihre Schatten nach.

Ich bin hier, um dir zu sagen, du bist's nicht.
Überraschung, Schatz, Überraschung.

THE UNCONSCIOUSNESS OF FEELINGS

Praying mantises patrolled the peepholes,
tilting their triangular heads. The lookout

rode the Ferris wheel—ground / tree / bird /
sky / bird / tree / ground—& in the confusion

caused by a sudden profusion of posies,
the train tracks slid through.

Lo, the electrical boxes stopped
clicking as we walked past. The richest man

in the world traded his yell for a smile.
Someone in a red shirt began to run

behind the trees each night in a poor imitation
of sunset. She was thrilled & unwell.

I suppose I can say it—she was me.
I missed the mother bird who dropped

her babies on my glass ceiling, missed
their tiny pterodactyl shadows on my floor.

They were so beautiful projected there.

DAS UNBEWUSSTE DER GEFÜHLE

Gottesanbeterinnen kontrollierten die
Gucklöcher, neigten ihre dreieckigen Köpfe.

Der Posten fuhr Riesenrad – Boden / Baum / Vogel /
Himmel / Vogel / Baum / Boden – & im Trubel

einer plötzlichen Fülle von Blumen
schnitten Schienen mitten hindurch.

Oh die elektrischen Kästen klickten nicht mehr,
als wir vorbeigingen. Der reichste Mann

der Welt tauschte sein Brüllen gegen ein Lächeln.
Jemand mit rotem Hemd begann jeden Abend

hinter den Bäumen zu joggen, eine arme Kopie
der untergehenden Sonne. Sie war entzückt & verschnupft.

Ich denke, ich kann es sagen: Sie war ich.
Ich vermisse die Vogelmutter, die ihre Jungen

auf mein Glasdach fallen ließ, vermisse
ihre kleinen Flugsaurierschatten auf dem Parkett.

Sie waren so schön, dort hinprojiziert.

NOT SO MUCH MINIATURE AS FAR AWAY

Little was left of the forest.
Large was ten miles ahead.

The song on the radio
was early 80s in a nutshell,

the sun in the rearview
mirror, a peach pit of light.

Make much of me why don't you.
All sorts land at the airfield.

Be silverfish, be blimp.

WENIGER WINZIG ALS VIEL MEHR WEIT WEG

Wenig war vom Wald geblieben.
Weit war zehn Meilen voraus.

Das Radio spielte ein Lied:
im Kern frühe Achtziger,

die Sonne im Rückspiegel
ein Pfirsichkern aus Licht.

Lob mich mal über den Klee.
Am Flugfeld allerhand Land.

Sei Silberfisch, sei Zeppelin.

THE CROWDS CHEERED AS GLOOM GALLOPED AWAY

Everyone was happier. But where did the sadness go? People wanted to know. They didn't want it collecting in their elbows or knees then popping up later. The girl who thought of the ponies made a lot of money. Now a month's supply of pills came in a hard blue case with a handle. You opened it & found the usual vial plus six tiny ponies of assorted shapes & sizes, softly breathing in the Styrofoam. Often they had to be pried out & would wobble a little when first put on the ground. In the beginning the children tried to play with them, but the sharp hooves nicked their fingers & the ponies refused to jump over pencil hurdles. The children stopped feeding them sugarwater & the ponies were left to break their legs on the gardens' gravel paths or drown in the gutters. On the first day of the month, rats gathered on doorsteps & spat out only the bitter manes. Many a pony's last sight was a bounding squirrel with its tail hovering over its head like a halo. Behind the movie theatre the hardier ponies gathered in packs amongst the cigarette butts, getting their hooves stuck in wads of gum. They lined the hills at funerals, huddled under folding chairs at weddings. It became a matter of pride if one of your ponies proved unusually sturdy. People would smile & say, "This would have been an awful month for me," pointing to the glossy palomino trotting energetically around their ankles. Eventually, the ponies were no longer needed. People had learned to imagine their sadness trotting away. & when they wanted something more tangible, they could always go to the racetrack & study the larger horses' faces. Gloom, #341, with those big black eyes, was almost sure to win.

DIE MENGE APPLAUDIERTE,
ALS GRAM DAVONGALOPPIERTE

Alle waren glücklicher. Nur wohin ging die Traurigkeit? Die Leute wollten es wissen. Sie wollten nicht, dass die Trauer sich in ihren Ellbogen oder Knien staute & später wieder auftauchte. Das Mädchen, das die Ponys erfand, wurde rasch bekannt. Die monatliche Pillendosis kam jetzt in verschalter blauer Box mit Haltegriff, darin neben dem üblichen Fläschchen sechs winzige Ponys, nach Formen & Größen sortiert; sie atmeten leise im Styropor. Meist mussten sie herausgepult werden & wackelten ein wenig, wenn man sie hinstellte. Die Kinder versuchten anfangs, mit ihnen zu spielen, doch die scharfen Hufe schnitten ihre Finger & die Ponys verweigerten Sprünge über Bleistifthürden. Die Kinder hörten auf, sie mit Zuckerwasser zu füttern & die Ponys brachen sich auf dem Gartenkies die Beine oder ersoffen in Gullis. Am ersten jedes Monats scharten sich die Ratten auf den Türschwellen & spien bittere Mähnen aus. Viele Ponys sahen von dieser Welt zuletzt den drohenden Schwanz eines Eichhörnchens, der wie ein Heiligenschein überm Kopf schwebte. Hinterm Kino rotteten sich die härteren Ponys in Herden zusammen, zwischen Zigarettenstummeln, ihre Hufe von Kaugummifladen verklebt. Sie säumten die Hügel bei Begräbnissen, kauerten bei Hochzeiten unter Klappstühlen. Es wurde eine Frage des Stolzes, wenn man ein Pony hatte, das außergewöhnlich stabil war. Die Leute sagten lächelnd: »Das wär sonst ein furchtbarer Monat für mich geworden«, und deuteten auf den glänzenden Palomino, der energetisch zu ihren Füßen trabte. Irgendwann wurden die Ponys nicht mehr gebraucht. Die Leute hatten gelernt, sich ihre Trübsal davontrabend vorzustellen. & wenn man sich nach etwas Greifbarerem sehnte, konnte man stets zur Rennbahn gehen und die Gesichter der großen Pferde studieren. Gram, Nr. 341, mit seinen großen schwarzen Augen, war der klare Favorit.

TOE THE LINE WITH ME

We needed water & frozen water
for the party. I chose you to two-step

with but the downstairs chandelier
stayed still, its prisms prim.

Consider this: if sunfish
& ducks compete for the same bit

of bread, at any moment their mouths
might meet. That's how my mother

explained the Other, told me to hedge
my bets, furl wish-scrolls into

the topiary. Still I had questions
about Life & the Afterlife. You

looked in through the screen door.
I sat next to my ex.

KOMM, SPUR MIT MIR

Für die Party brauchten wir Wassereis
& Wasser. Ich wählte für den Twostepp

dich, doch blieb der Leuchter drunter
ungerührt und seine Prismen prüd.

Stell dir vor: Wenn Sonnenbarsch
& Ente um dieselbe Krume kämpfen,

könnten sich ihre Münder jeden Moment
berühren. So erklärte mir meine Mutter

das Andere, hieß mich meine Wetten
hecken, Wunschzettel aufhängen

in Formschnittgärten. Mir blieben trotzdem
Fragen zum Diesseits & Jenseits. Du

schautest durch den Fliegenvorhang rein.
Ich saß rechts von meinem Ex.

MEAT RAVIOLI VS. SPAGHETTI BOLOGNESE

Little girls sat on the edge of the pool
like bright-bellied newts. Their parents

were paler. For a quarter, the shoe-polishing
machine would polish one shoe, then the other.

Or it could do the same shoe twice so that
headlights would flicker across it

& not the other. The P. I. listlessly
dusted for fingerprints. He was saving

up for a TV & a lock. In Schenectady
the criminal pressed a scalloped hanky

to each cheek & wondered aloud,
mockingly, "O where might I be?"

Each film mentioned at the dinner party
was a sinkhole we skirted so as not to fall

into story. It's like Pete & Betty always said:
self as discrete package or self in the world.

FLEISCHRAVIOLI VS. SPAGHETTI BOLOGNESE

Kleine Mädchen saßen am Beckenrand
wie hellbäuchige Molche. Ihre Eltern

waren noch blasser. Für einen Groschen
polierte die Schuhpoliermaschine einen Schuh,

dann den andern. Oder denselben Schuh zweimal,
so dass Scheinwerfer drin blitzen & im andern

nicht. Der Privatdetektiv puderte lustlos
nach Spuren. Er sparte auf eine Glotze

& ein Schloss. In Schenectady hielt sich
der Verbrecher ein schlabbriges Taschentuch

an jede Wange & fragte sich schadenfroh:
»Ja, wo könnte ich nur sein?« Jeder beim Essen

erwähnte Film war ein Abfluss, um den wir
kreisten, um nicht in die Story zu fallen.

Wie Pete & Betty immer sagten: entweder das Selbst
als separates Päckchen oder das Selbst in der Welt.

ABANDONED CONVERSATION WITH THE SENSES

In the back they are collecting
bullets so do you really want to talk

about love? When a bee is on my chin
should I not mind it? Shall I let

the pretty water sink the boat?
Learn something from me for once

will you. A tent inside the barn
may be just what we need.

The bull shakes the snow off its back.
Yes its meat is nice to eat.

No it's not a snowstorm.
All this explaining exhausts me.

I'll be leaving some traps in the forest.
Do come admire the trees.

AUFGEGEBENES GESPRÄCH MIT DEN SINNEN

Dahinten fangen sie sich Kugeln ein,
wollt ihr hier wirklich über Liebe sprechen?

Soll ich mich von der Biene auf meinem Kinn
nicht stören lassen? Soll ich zusehen, wie

das hübsche Wasser das Boot versenkt?
Lernt endlich auch mal was von mir, okay.

Ein Zelt mitten in der Scheune
ist vielleicht genau, was wir brauchen.

Der Bulle schüttelt sich Schnee vom Rücken.
Ja, sein Fleisch gibt leckere Stücken.

Nein, es ist kein Schneesturm.
Dieses ganze Erklären macht mich müde.

Ich stell' noch ein paar Fallen auf im Wald.
Kommt und bewundert die Bäume.

EVERYTHING MUST GO

Today's class 3-Deifying:
Godgrass, Godtrees, Godroad.

A sheet of geese bisects the rainstorm.
The water tower is ten storms full.

We practice drawing cubes—
that's the house squared away

& the incubator with Baby.
The dead are in their grid.

O the sleeping bag contains
the body but not the dreaming head.

ALLES MUSS RAUS

Heute im Unterricht: 3-deifizieren.
Gottgras, Gottbaum, Gottweg.

Eine Gänseebene zerteilt den Regen.
Der Wasserturm ist zehn Stürme voll.

Wir üben Würfelzeichnen –
hier das Haus weggerechteckt

& der Inkubator mit dem Baby.
Die Toten sind in ihrem Raster.

Oh der Schlafsack hält den Körper,
doch nicht den träumenden Kopf.

ANMERKUNGEN DER ÜBERSETZERIN

»Du kennst das auch« umfasst Gedichte aus Matthea Harveys Bänden »Sad Little Breathing Machine« und »Modern Life«. Die Gedichte in *The Future of Terror* und *Terror of the Future* schrieb Harvey auf der Basis von alphabetischen Wortlisten, wobei die Worte *future* und *terror* für A und Z stehen. Sie sind keine strengen alphabetischen oder akrostischen Gedichte, aber sie ahmen die Buchstabenschritte des Alphabets nach. Für die Übersetzung wurde versucht, die alphabetische Form einzuhalten. Ein längerer Essay der Autorin zum Thema, veröffentlicht zuerst in *American Poet,* findet sich auf www.mattheaharvey.info.

Der Titel des Gedichts *To Zanzibar by Motorcar* ist eine Eselsbrücke für (auch deutsche) Medizinstudenten, um sich die fünf Abschnitte des *nervus facialis* einzuprägen (*temporalis, zygomaticus, buccalis, mandibularis, cervicalis*). Der Titel wurde darum auch in der deutschen Übersetzung englisch belassen.

I   YOU KNOW THIS TOO
DU KENNST DAS AUCH

6   Implications for Modern Life
     Hinweise für Modern Life

8   How We Learned To Hold Hands
     Wie wir Hände halten lernten

10   The Golden Age of Figureheads
      Das goldene Zeitalter der Galionsfiguren

12   Grand Narrative with Chandelier
      Großer Monolog mit Kronleuchter

14   If Scissors Aren't the Answer, What's a Doll to Do?
      Wenn Scheren keine Antwort sind, was soll ein Püppchen tun?

16   Setting the Table
      Tisch decken

18   Equation with Flowers
      Gleichung mit Blumen

20   If You Like Sugar I'll Like Sugar Too
      Magst du Zucker, mag ich Zucker auch

22   Ode to the Double-Natured Sides of Things
      Ode an die doppelgesichtigen Seiten der Dinge

24   To Zanzibar By Motorcar
      To Zanzibar By Motorcar

26   You Know This Too
      Du kennst das auch

II   THE FUTURE OF TERROR
THE FUTURE OF TERROR

30   The Future of Terror 1–11
      The Future of Terror 1–11

III INSIDE THE GOOD IDEA
IM INNERN DER GUTEN IDEE

56 Inside the Good Idea
    Im Innern der guten Idee

58 Ideas Go Only So Far
    Ideen reichen nur so weit

60 The Empty Pet Factory
    Fabrik für leere Haustiere

62 Estamos En Vivo, No Hay Alternativo
    Estamos En Vivo, No Hay Alternativo

64 Baked Alaska, a Theory Of
    Baked Alaska, eine Theorie

66 Museum of the Middle
    Museum der Mitte

68 Save the Originals
    Rettet die Originale

70 Sad Little Breathing Machine
    Arme kleine Atemmaschine

72 Word Park
    Wortpark

74 [   ]
    [   ]

76 Our Square of Lawn
    Unser Rasenquadrat

78 Set Your Sights
    Richte deine Sichten

80 Satellite Storage Inc.
    Satellitenlager Inc.

82	Sergio Valente, Sergio Valente, How You Look Tells the World How You Feel
	Sergio Valente, Sergio Valente, wie du aussiehst sagt uns wie du drauf bist

IV NO ONE WILL SEE THEMSELF IN YOU
NIEMAND WIRD SICH IN DIR SEHEN

86	Whack-A-Mole Realism™
	Hau-den-Maulwurf-Realismus™
88	Emphasis on Mister or Peanut, Robo or Boy
	Betonung auf Mister oder Peanut, Robo oder Boy
90	No One Will See Themself in You
	Niemand wird sich in dir sehen
92	Minotaur, No Maze
	Minotaurus minus Labyrinth
94	Robo-Baby
	Robo-Baby
96	Lonesome Lodestone
	Einsamer Magnet
98	Moving Day
	Umzug

V ONCE AROUND THE PARK WITH OMNISCIENCE
EINMAL DURCH DEN PARK MIT OMNIPOTENZ

104	Other (Be Specific)
	Andere (Präzisieren Sie)
106	The Transparent Heir Apparent
	Der unsichtbare Kronprinz
108	Restricted Vista
	Beschränkte Aussicht

110	Your Own Personal Sunshine
	Dein ganz privater Sonnenschein
112	Free Electricity
	Freistrom
114	Town of Then
	Damalsstadt
116	Once Around the Park with Omniscience
	Einmal durch den Park mit Omnipotenz
118	Diagram of Pretty Please
	Ein Diagramm von bildschön bitteschön
120	Once upon a Time: A Genre Fable
	Es war einmal: Eine Genrefabel
124	Temporary Family
	Temporäre Familie
126	Dinna' Pig
	Sülzschwein
128	Limelight Memorandum
	Rede im Rampenlicht
130	Waitressing in the Room with a Thousand Moons
	Kellnern im Tausend-Mond-Lokal
132	We Sat in Them, We Sit in Them Still
	Wir saßen in ihnen, wir sitzen immer noch drin
VI	**TERROR OF THE FUTURE**
	TERROR OF THE FUTURE
136	Terror of the Future 1–10
	Terror of the Future 1-10

VI BOY THINKS "GIRL". "BOY" THINKS GIRL.
JUNGE DENKT »MÄDCHEN«. »JUNGE« DENKT MÄDCHEN.

158   Sentenced: The Subject Objects to Its
Long-Distance Relationship with the Object
Festgesetzt: Das Subjekt widerspricht
seiner Fernbeziehung mit dem Objekt

160   Address to an Absent Flea
An einen abwesenden Floh

162   The Invention of Love
Die Erfindung der Liebe

164   The Invention of Film
Die Erfindung des Films

166   Life-Size Is What We Are (A New History of Photography)
Lebensgroß ist was wir sind (Eine neue Geschichte der Fotografie)

168   The Unconsciousness of Feelings
Das Unbewusste der Gefühle

170   Not So Much Miniature as Far Away
Weniger winzig als viel mehr weit weg

172   The Crowds Cheered as Gloom Galloped Away
Die Menge applaudierte, als Gram davongaloppierte

174   Toe the Line with Me
Komm, spur mit mir

176   Meat Ravioli vs. Spaghetti Bolognese
Fleischravioli vs. Spaghetti Bolognese

178   Abandoned Conversation with the Senses
Aufgegebenes Gespräch mit den Sinnen

180   Everything Must Go
Alles muss raus

Christian Hawkey
Reisen in Ziegengeschwindigkeit
Gedichte Englisch-Deutsch. Aus dem amerikanischen Englisch von Steffen Popp und Uljana Wolf

Ob in die Hirne von Miniaturschafen oder in die Einsamkeit der Satelliten – Christian Hawkeys Gedichte entführen ihre Leser in Landschaften, die plastisch werden, indem sie das Offensichtliche auflösen: »Da / war ein Loch im Dach. / Da war kein Dach.« Die so entstehenden Panoramen sind weniger surreal als hellsichtig: In ihren porösen, von Technologien durchzogenen Topografien begegnen wir »heimatlosen Klonen«, »Vögeln mit eingestickten Labeln« und der Geburt von Nationen. Interieurs und Ichsituationen werden ins Spiel gebracht und bleiben doch dem Zugriff auf »sich« stets voraus, immer auf dem Sprung – in die nächste Zeile, unterwegs in die nächste »aufblasbare Landschaft«. Tollkühn, beunruhigend komisch und mit skurriler Verve arbeitet Christian Hawkey an der »elastischen Haut von Oberflächen«. In ihren Falten entziehen sich Subjekte den Forderungen nach Identität oder Zugehörigkeit und bewahren eine Instabilität, die auch als ästhetische Antwort auf politische Zumutungen zu verstehen ist.

»Unbedingt rühmenswert«
Süddeutsche Zeitung

»›Das Buch der Trichter‹ ist eines der sonderbarsten und schönsten Lyrikdebüts, das ich seit sehr langer Zeit gelesen habe.« *John Ashbery*

»Eher verzweifelt als heiter ist der Humor, der den Einstieg in diese dicht geknüpften Gedichte ermöglicht – stets geht mitten im Gelächter ein Alarm los.« *The New Yorker*

»Christian Hawkey ist ein Superheld. Christian Hawkey kann Sachen in Gedichten machen, die Normalsterblichen nicht gelängen.«
Octopus Magazine

Christian Hawkey, geboren 1969, Lyriker, Kunstkritiker, Herausgeber und Gründer der Literaturzeitschrift »Jubilat«, lebt in Berlin und Brooklyn, wo er am Pratt-Institut Literatur und Creative Writing lehrt. 2008 war er Stipendiat des DAAD-Künstlerprogramms in Berlin. Seine Gedichtbände »The Book of Funnels« (Verse Press 2004) und »Citizen of« (Wave Books 2007) wurden u. a. mit dem Kate Tufts Discovery Award, dem Creative Capital Innovative Literature Award und von der Academy of American Poets ausgezeichnet. Christian Hawkeys Gedichte erscheinen in den wichtigsten Zeitschriften und Anthologien Nordamerikas sowie u.a. in Schweden, Slowenien, Österreich und Deutschland. »Reisen in Ziegengeschwindigkeit« ist seine erste Einzelveröffentlichung auf Deutsch.

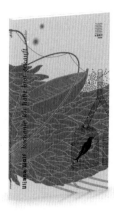

Uljana Wolf
kochanie ich habe brot gekauft
Gedichte

Es sind knisternde, kristalline Momente, denen Uljana Wolf in ihrem Debüt »kochanie ich habe brot gekauft« nachspürt, Momente der Überschreitung, in denen die Intimität des Vertrauten blitzartig umschlägt in die Erotik des Fremden. Als »reisende« bewegen sich ihre Gedichte mit spielerischer Leichtigkeit von Land zu Land, von Frau zu Mann, von Zunge zu Zunge. Alles scheint hier übersetzbar. Feinfühlig und mit bisweilen verschmitzter Verve gelingt es Uljana Wolf, Begegnungen mit Geliebten und Vätern, Holzfällern und bissigen schlesischen Dorfhunden im »aufwachraum« der Sprache poetisches Leben einzuhauchen. In einer Welt, in der die Sprache unterwegs und das Unterwegs in der Sprache ist, entstehen Gedichte als Miniaturunterkünfte, die den Leser verführen – zum Verweilen, zum immer Wiederlesen.

Peter-Huchel-Preis 2006
Dresdner Lyrikpreis 2006

»Schmal ist es, aber es gehört zum Feinsten und Besten, was in diesem Jahr verlegt wurde. Allein schon von außen: Das Bändchen ... ist in der gewohnt ungewöhnlichen kookbooks-Manier gestaltet und einfach zum Kaufen schön. ... Ein Gedicht von Uljana Wolf zu lesen ist, als ob man arglos auf einen irgendwo herumliegenden Stein steigt und plötzlich mit dem Kopf in einem ungeahnten Zwischenreich steckt, einfach so.« *Frankfurter Rundschau*

»magische Textkörper« *Die Zeit*

»Als deutsch-polnische Grenzgängerin verschränkt Uljana Wolf ... das Lebensgefühl ihrer Generation mit fremden Flurstücken – so der Titel eines Gedichtzyklus – zu einer intensiven Sprachlandschaft. In wenigen Strichen gelingt es ihr, die Essenzen ihrer Erlebniswelt traumhaft sicher in sprachliche Miniaturen zu fassen.« *Aus der Jury-Begründung zum Peter-Huchel-Preis*

»Zu welcher Ausdrucksintensität die Autorin ... fähig ist, das führt sie in der kunstvollen Antithetik der Elegie ›kreisau, nebelvoliere‹ vor, einem mit der Sprache musizierenden Liebesgedicht. Spätestens jetzt wird nachvollziehbar, warum die Juroren des Peter-Huchel-Preises mit ihrer Entdeckung ans Licht wollten und Uljana Wolf den diesjährigen Büchnerpreis der Lyrik zuerkannte.« *Süddeutsche Zeitung*

»... eine ganz eigene Poesie, die schon mit den ersten Zeilen ... zu leuchten beginnt. Die kaum merkliche Verschiebung der vertrauten Dinge, der zu erwartenden Tatsachen, der bekannten Worte, der üblichen Perspektive um nur ein, zwei Grad scheint es zu sein, mit der Uljana Wolf es schafft, uns beim Lesen etwas überraschend Neues zu zeigen. Dabei arbeitet sie mit keineswegs ungewöhnlichen Mitteln. Uljana Wolfs Sprache ist sparsam und genau. Das ist alles. Und das ist viel. ... Ein rundum gelungenes, ein schönes Buch. Glückwunsch! Das gibt es nur selten.« *satt.org*

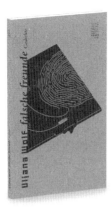

Uljana Wolf
falsche freunde
Gedichte

Für ihren zweiten Gedichtbands überführt Uljana Wolf einen Begriff aus der Sprachwissenschaft – »falsche freunde« – in ein feinnervig komponiertes und bisweilen aberwitziges poetisches Programm. Im Spiel mit Worten, die sich in zwei Sprachen orthografisch oder phonetisch ähneln, aber unterschiedliche Bedeutungen haben, entwickelt die Autorin ein Plädoyer für die Irritationen des Übersetzens. Ihr »DICHTionary« inszeniert Begegnungen zwischen dem Deutschen und dem Englischen und lässt in der »summenden« Anwesenheit aller Bedeutungen ein Drittes entstehen – das Gedicht selbst, ein Ort andauernder Transfervorgänge, immer in Bewegung und bereit, Festlegungen subversiv zu unterlaufen. Den Sprachverschiebungen in der Filmwelt geht das Kapitel »SUBSISTERS« auf die Spur. Hier liegt jedes Gedicht als Originalversion und als Version mit Untertiteln, die das Original nachhaltig verändern und seine Akteurinnen – Hollywood-Schauspielerinnen der 40er und 50er Jahre – jenseits stereotyper Ikonografien von Stardom und Weiblichkeit verorten. »ALIENS«, die dritte Abteilung des Bandes, verfolgt das wortwörtliche Über-Setzen von Körpern beim Einwandern in einen anderen Staat anhand einer Checkliste von Krankheiten und Auffälligkeiten, die Inspektoren um 1900 an Einwanderern auf Ellis Island abarbeiteten. Auf gegenwärtige Grenzkontrollen und Körper im biometrischen Raster reflektiert eine Serie von »Erasures«, die Regierungstexte und Anleitungen aus der Sicherheitstechnik durch Streichungen zugleich kritisch entlarven und in Dichtung überführen.

»Es ist kaum vorstellbar, dass jemand an diesen Gedichten keine Freude haben könnte.« *Süddeutsche Zeitung*

»Sprache erzeugt, das wird in diesen Texten ganz evident, Wirklichkeiten. Die sprachspielerische Geste hat somit zugleich etwas eminent Politisches: Sie zieht in Zweifel, was wir wahrnehmen, und verzerrt den ersten Eindruck. Auf den zweiten Blick werden plötzlich ›falsche freunde‹ zu richtigen – sie machen das Fremde vertraut und zerstören eindeutige Zuschreibungen. … ›falsche freunde‹ ist ein kunstvolles Spiel mit den Fallstricken der Sprache.« SWR 2

Uljana Wolf, geboren 1979 in Berlin, Studium der Germanistik, Kulturwissenschaft und Anglistik in Berlin und Krakau, lebt als Lyrikerin und Übersetzerin aus dem Englischen und aus osteuropäischen Sprachen in Berlin und Brooklyn. Sie veröffentlichte die Gedichtbände »kochanie ich habe brot gekauft«, kookbooks 2005, und »falsche freunde«, kookbooks 2009. 2008 erschien Christian Hawkeys »Reisen in Ziegengeschwindigkeit« in der Übersetzung von Uljana Wolf und Steffen Popp, 2010 folgte ihre Übersetzung von Matthea Harveys »Du kennst das auch«. Uljana Wolfs Gedichte wurden u.a. 2003 mit dem Wiener Werkstattpreis, 2006 mit dem Peter-Huchel-Preis und dem Dresdner Lyrikpreis sowie 2008 mit dem RAI-Medienpreis beim Lyrikpreis Meran ausgezeichnet.

kookbooks Reihe *Lyrik* ISBN 978-3-937445-

Band_1	Daniel Falb *die räumung dieser parks*	00-7
Band_2	Steffen Popp *Wie Alpen*	03-8
Band_3	Ron Winkler *vereinzelt Passanten*	04-5
Band_4	Gerhard Falkner *Gegensprechstadt – ground zero*	14-4
Band_5	Uljana Wolf *kochanie ich habe brot gekauft*	16-8
Band_6	Hendrik Jackson *Dunkelströme*	18-2
Band_7	Tom Schulz *Vergeuden, den Tag*	22-9
Band_8	Monika Rinck *zum fernbleiben der umarmung*	23-6
Band_9	Christian Schloyer *spiel · ur · meere*	27-4
Band_10	Sabine Scho *Album*	29-8
Band_11	Christian Hawkey *Reisen in Ziegengeschwindigkeit*	30-4
Band_12	Sabine Scho *farben*	34-2
Band_13	Steffen Popp *Kolonie Zur Sonne*	35-9
Band_14	Monika Rinck *Helle Verwirrung & Rincks Ding- und Tierleben*	37-3
Band_15	Uljana Wolf *falsche freunde*	38-0
Band_16	Daniel Falb *BANCOR*	39-7
Band_17	Martina Hefter *Nach den Diskotheken*	41-0
Band_18	Matthea Harvey *Du kennst das auch*	42-7
Band_19	Alexej Parschtschikow *Erdöl*	43-4

www.kookbooks.de

© für die Originalfassung:
2004 Matthea Harvey / Graywolf Press, Saint Paul, MN
2007 Matthea Harvey / Graywolf Press, Saint Paul, MN
Wir danken für die freundliche Abdruckgenehmigung.
© für die Übersetzung: 2010 **kookbooks**, Idstein/Berlin
Alle Rechte vorbehalten
1. Auflage 2010
Gestaltung: Andreas Töpfer, Berlin
Gesetzt aus der Bembo, der Scala Sans & der Kookone
Druck & Bindung: Steinmeier, Deiningen
Printed in Germany
ISBN 978-3-937445-42-7